中國人的故事

將軍和兵法家的勇謀

張倩儀　主編
宋詒瑞　著

新雅文化事業有限公司
www.sunya.com.hk

我們想做一套有新精神的中國人故事書。

古往今來，人人喜歡聽故事、讀故事。尤其情節細膩曲折的，最能吸引，因為人天生就有好奇心。如果故事還值得細細咀嚼，反覆玩味，那麼故事的價值就會成為讀者生命的一部分。

中國人愛說故事。中國的故事經久綿長，因為這些故事植根在古老的土地上。古老的中國也有新鮮的故事，因為中國人還在這大地上生息，新故事源源不絕。中國故事的風格跟中國人一樣，直率、簡潔，充滿樂天知命、奮鬥努力的精神，有時奇幻，但總帶有人性的光輝。

少年讀者需要知道自己的文化根源，又有這年紀自有的好奇和興趣。我們按着少年讀者的認識和性情，挑選動人的中國人物故事，分門別類，點出其中歷久常新的精神，做成一套有人、有事、有主題的中國人故事書。主角不限於古，還及於今；故事是中國人的，視野卻隨着今天的世界擴展。

我們的目標是淺白而能深入，有趣味而講究根源。我相信為我們的孩子，值得花費精神去做這樣的故事書。

張倩儀

目錄

軍事理論家曹劌

　　曹劌——生卒年月不詳。春秋時期魯國大夫，著
名軍事理論家，因協助魯莊公長勺一戰大敗齊軍而聞
名天下。

曹劌出山

　　齊國和魯國是春秋時期位於現今山東一帶的兩個鄰國。公元前686年，齊國發生政變，齊襄公被殺，公子小白逃到莒國，公子糾逃到魯國。但沒過幾個月，齊國的大臣發動政變推翻了篡位的人，把公子小白迎回國即位，就是齊桓公。

　　後來，魯莊公親自帶兵護送公子糾想回國爭奪王位。魯齊兩國大戰，魯軍失敗，齊桓公就逼着魯莊公殺了公子糾。雖然如此，齊桓公心中還是對魯莊公的所作所為耿耿於懷。公元前684年（魯莊公十年），齊桓公委派了鮑叔牙等三員大將帶兵，要發起對魯國的大規模進攻。

　　桓公的大臣管仲竭力勸阻他説：「公子糾已死，已構不成威脅，目前的主要工作是發展經濟，富國強民。」

　　但是齊桓公認為：「魯莊公居然力撐公子糾反對我，這個仇我是一定要報的。你別阻攔，我要教訓他一頓！」

　　在此之前，齊魯也曾有過幾次短兵相接，次次都

是魯軍敗下陣來。這次齊將率領大軍壓境，魯莊公和大臣們驚慌萬分，全國上下人心惶惶。

曹劌是周文王的後代，但他不熱衷功名，一直在山上隱居。如今眼見國家遭難，百姓將遭受亡國之災，他坐不住了，走下山來，要去見魯莊公。

曹劌的鄉親們對他的舉動都感到很驚訝，紛紛前來勸說：「唉，這些打仗的事不是我們小百姓管的，自有那些掌握大權的人會操心，你去做什麼？」

曹劌笑笑說：「哼，那些掌大權的人沒什麼本事，鼠目寸光，不能深謀遠慮，應付不了這樣的大事。國家興亡，匹夫有責，我應該站出來！」

曹劌請見

曹劌去見魯莊公。莊公知道他是位有智有謀的高人，待他如上賓。

魯莊公問他：「齊國派了大軍前來。敵強我弱，你看我們應該怎樣對付？」

曹劌問莊公：「你覺得自己有些什麼條件可以應

戰？」

　　魯莊公想了想，説：「我平日有了什麼山珍海味佳餚和華美的衣服，不會獨自用，都要分給周圍的人共用。這樣做是不是很仁義啊！」

　　曹劌説：「這些事小恩小惠，沒有遍及百姓，百姓是不會聽你的。還有什麼？」

　　魯莊公沉吟了一會兒，説：「拜祭祖先列宗和天地諸神時，所用的牛羊牲口、玉器絲綢等祭品，我從不誇大數量，都是按照禮制準備並且如實稟報的。這是不是很有誠信啊！」

　　曹劌説：「這些都是小小的信用，也是你本應該做的。神靈不會特別保佑你。還有什麼？」

　　魯莊公閉目沉思後説：「大大小小的民間訴訟案件，我雖然不能逐一親自處理，但凡是我經手的，都會秉公辦理、公正判決。這樣是不是很得民心啊？」

　　曹劌長吐一口氣，高興地説：「這就對了！你這樣做才是盡了你君主的本分，贏得了民心，百姓會擁戴你，為你而戰的。」

　　魯莊公大悦，興奮地説：「那麼，我們可以與齊軍開戰了？」

曹劌説：「可以了。」

魯莊公問：「我們要採取什麼辦法才能打贏呢？」

曹劌説：「這要看戰場上的情況而隨機應變，沒有固定的一套方法。開戰時，請允許我與你同赴戰場。」

魯莊公求之不得，當然答應了。

曹劌赴戰

由主將鮑叔牙率領的齊軍一路進軍順利，打到了魯國的長勺（今山東省萊蕪），擺開了陣勢。鮑叔牙見魯軍遲遲不出來應戰，以為魯莊公懼怕齊軍，心中好不得意，就產生了輕敵思想。

曹劌坐在魯莊公的馬車上來到戰場。魯軍也擺好隊列，嚴陣以待。曹劌對莊公説：「請你傳令全軍一定要聽從指令，出擊的命令下達之前就要嚴守陣地，不得亂動不得喧嘩，違者立斬！」

魯莊公按照他的意思傳令全軍。

鮑叔牙見魯軍已經出來應戰，他求勝心切，便命令鼓手擊鼓。「咚、咚、咚！」激動人心的進軍號一響，摩拳擦掌的齊兵立即高聲吶喊着向前衝來。車聲隆隆，蹄聲得得，戰場上頓時塵土飛揚，殺聲震天。

　　魯莊公見這情勢，心中有些發慌，就要下令鼓手擊鼓迎戰，但曹劌急急阻止他：「且慢！還不到迎戰的時候！保持冷靜！」

　　莊公只得按兵不動。全體魯軍原地站立，如同一堵銅牆鐵壁，巍然屹立。齊軍衝不破，只好鳴鼓收兵。

　　鮑叔牙見魯軍不回擊，以為自己的強勢把他們嚇怕了，心中更為得意，心想勝利在望，再來一次衝鋒肯定能大獲全勝。

　　鮑叔牙下令再次擊鼓發起衝鋒。齊兵重新擺好陣勢向魯軍衝來，車輪滾滾，吶喊聲震耳欲聾。

　　魯莊公又坐不住了，他用詢問的眼光望着曹劌，但曹劌用手示意他鎮靜，切莫下令回擊。

　　魯軍保持歸然不動，齊軍再一次退了回去。將士們兩次無功而返，都有點沮喪。

　　鮑叔牙開始着急了，不知魯莊公「葫蘆裏賣什麼藥」？他急於求成，一心想快速結束戰事，便不等隊伍

重整妥當，又下令擊鼓進攻。

　　齊軍收拾心情，再次向前衝去，但是吶喊聲的氣勢已經大不如前。

　　曹劌見此情況，大聲對莊公說：「行，可以出擊了！」

　　魯莊公急忙命令鼓手打鼓下令衝鋒。魯軍將士準備已久，蓄勢待發，一聽到鼓聲，立即揮舞手中刀劍兵器，好似猛虎下山，徑直向齊軍衝去。他們個個精神飽滿，鬥志昂揚，憋足一股勁誓要把齊軍趕出國土；相比之下，齊軍已經精神渙散，被魯軍如此一衝，陣腳已亂，經不起幾個回合就潰不成軍，敗下陣來。魯莊公也率先衝在前，他挽弓搭箭一射，正中了齊國公子雍，公子一倒，齊軍更大亂，將士們紛紛掉頭逃命，丟盔棄甲，狼狽不堪。

　　魯莊公見齊軍敗退，想乘勝追擊，一路殺過去。但是曹劌再次示意他不要發令。他說：「別急！」隨即自己下了馬車，彎下腰來仔細觀察齊軍逃回去的幾條車轍，又攀登上馬車前面的橫木，用手搭在眼前瞭望前方，過了好大一會兒才點頭對魯莊公說：「現在可以了，命令部隊追擊吧！」

魯軍得到了追擊的命令，個個勁頭十足，越戰越勇，一直追殺了三十多里，把齊國大軍打得落花流水，殺死殺傷俘虜了無數，還繳獲了一大批兵器輜重，凱旋而歸。

曹劌論戰

長勺之戰獲勝，曹劌是大功臣。魯莊公特設慶功宴向曹劌道謝。

席間，莊公忍不住向曹劌提出了心頭的疑問：「齊軍氣勢洶洶攻上前來，為何你一次、兩次都不讓部隊回擊，而是到了第三次才出擊？」

　　曹劌反問莊公：「打仗時為什麼要鼓手擊鼓？」

　　莊公說：「這不是為了激勵鼓動士氣呀？士氣高漲才能打勝仗。」

　　「對，」曹劌說，「打仗，最重要的是士氣。齊軍待戰已久，士氣正旺，第一次聽到衝鋒的鼓聲，他們必定全力以赴，奮不顧身衝上前來，他們的氣勢很銳，我們不回擊，就是避開他們的銳氣，減少損失；第二次他們再擊鼓衝鋒，銳氣已經沒那麼旺盛了，我們再不回應，他們無攻而返，士氣就低落了許多；等到第三次再擊鼓進攻，你也可以看出，他們的士氣已經消失得差不多了，隊伍的陣勢也不整齊了，腳步也亂了。這就叫做『一鼓作氣，再而衰，三而竭』。他們的士氣衰竭了，而我們的士氣正旺着呢，將士們都急等着衝鋒出戰大顯身手，所以個個都能英勇殺敵，他們弱了，我們強了，怎麼能不勝呢？」

　　魯莊公聽後真心佩服曹劌的神機妙算。但他還有疑問：「那麼，我們反攻成功，齊軍敗退，你又為什麼

不讓我們立即追擊呢？」

曹劌氣定神閒回答說：「齊軍是一支大部隊，三位將領都是有智有勇的名將，我擔心他們在撤退路上有埋伏，兵不厭詐呀！所以要下車察看，見到他們的車轍痕跡已經相當混亂；再登高遠望，見他們的軍旗已經倒下，說明齊軍真的已是潰不成軍，這時才可以乘勝追擊。」

魯莊公聽後佩服得五體投地，讚歎道：「你真是一位出色的軍事家呀！」

此次戰役後，齊魯兩國進行了和平談判，有了幾年和睦相處的時間。

從長勺之戰中，可見到曹劌是一位有勇有謀的優秀軍事家。他認為戰勝敵人要靠君王能「取信於民」，要為老百姓做實事做好事，取得民心，百姓擁戴，才能為國而戰。而在戰場上要留意士氣，採取「敵強我退、敵疲我打」的方針，就可以抓住有利時機取得勝利。他不是只說理論的軍事家，還勇敢地親赴戰場指揮作戰。長勺之戰是中國戰爭史上弱軍戰勝強敵的有名戰例，「一鼓作氣」這句成語流傳下來，用來比喻趁勁頭大的時候快速把事情完成。

孫武與《孫子兵法》

孫武（公元前535年－公元前470年）——春秋末期齊國人，著名軍事家、政治家，所寫《孫子兵法》影響全世界。

大家都聽説過《孫子兵法》吧，這部閃爍着中華民族祖先智慧之光的兵書，講授在戰爭中克敵制勝的整套方法，兩千多年以來被翻譯成多種文字，流傳到世界各地，一直為各國軍事家學習與運用。誰是這部偉大兵書的作者呢？一看書名就知道了——《孫子兵法》，肯定是孫子寫的。那麽，孫子，又是誰呢？

顯赫的家世

　　孫子，名武，春秋末期人。他的祖先曾經被周天子冊封為陳國國君，後來陳國發生政變，全家為避禍，逃到了齊國。孫武就生在齊國。他的祖先受到齊桓公的重用，擔任了齊國的高級官員，家族裏出了好幾位有名的大將，曾為齊國立下多次大功。孫武的父親還曾出任齊國卿。

　　生長在這樣一個兵學世家的孫武，從小就受到家庭的薰陶，對軍事產生了濃厚的興趣。他不僅飽覽家中所有的軍事書籍，學到很多軍事知識；而且還練習射箭、騎馬、駕馭馬車等技術，小小年紀就成為文武雙全

的青年。

　　更了不起的是，他博覽大批軍事書籍之後，開始認真思考和研究起兵法來。漸漸地，他對一些軍事問題都有了自己獨特的見解，常常與家中的長輩切磋，大膽說出自己的看法。長輩們眼見他在同輩青年中脫穎而出，顯示出超人的智慧，都在心中暗歎：這個孩子將來一定大有出息，前途無量啊！

吳王識才

　　可是，當時的齊國內部很亂，幾個大家族圖謀作反。孫武對國家局勢感到很失望，苦於沒機會發揮自己的才能為國服務。

　　那時春秋各諸侯佔地割據，你爭我奪，戰火不斷。孫武看中了佔據東南方一帶的新興吳國，吳王闔閭登位三年內治國有方，國富民強；吳王很有野心，想一統天下。孫武覺得吳國很有發展前途，也擔心自己的家族失勢後會遭殃，便在公元前517年離開了齊國，來到吳國居住。

孫武隱居在姑蘇城內，潛心研究軍事，寫成了《孫子兵法》十三卷。在這裏，他認識了來自楚國的伍子胥，伍子胥是位出色的軍事家，受到吳王重用，是吳國大夫。兩人志趣相投，常在一起暢談時局，討論軍事問題，伍子胥很佩服孫武的精闢見解。

　　吳王闔閭很想攻打楚國，但是猶豫不決。伍子胥看出了他的心事，問道：「你是不是找不到一位合適的將才？」

　　吳王歎道：「是啊，沒有一位優秀的將才輔助，我就沒有獲勝的把握。」

　　伍子胥說：「我心中早就有了一位出色的軍事人才。大王若想成就大業，不能不靠他！」接着，他就把孫武的情況約略說了一下。

　　吳王聽了很感興趣，就約孫武來見面。

　　公元前512年，孫武帶着自己的著作《孫子兵法》來見吳王。

　　吳王精讀了《孫子兵法》後，驚歎它內容的精闢豐富，為了能使更多將領學習到這些優秀的兵法，他就要孫武來宮廷與文武大臣講解這本兵書的內容。

不戰而勝的思想

有大臣歎道：「唉，每一次戰爭，總要消耗大量資財，犧牲無數生命，太殘酷了，最好天下太平，永遠沒有戰爭！」

孫武説：「是呀，戰爭是一種暴力行為，會嚴重損耗國力，危害老百姓。但是敵人來犯，就必定要還擊，這是關係到國家存亡的大事。所以，通過打仗取得勝利，不是個好辦法；不戰而勝，是最好的辦法。」

大家都聽得一頭霧水：「不戰而勝？不打怎麼能取勝啊？」

孫武解釋説：「應該首先使用謀略去戰勝敵人，譬如離間計、苦肉計、反間計等等，挫敗敵人的戰爭計劃，使敵人不戰而退；其次是用外交手段制服敵人，譬如打破敵人的聯盟、進行和平談判、雙方和親等等；兩個辦法都不行，就進攻敵人的軍隊，擊退他們；最後才是前去攻打敵人的城池。交戰是不得已的事情。不戰而勝是用兵的最高境界，能保存自己的實力，減少國家和人民的損失。」

眾人聽得不住點頭，覺得他說得很有道理。一位大臣讚道：「這不就是『仁』和『道』的概念嗎？老子就說過，我們要以『道』來輔助君王，不要事事用武力解決。戰爭所到之處，莊稼不長，一片混亂，遭殃的是老百姓。」

孫武說：「對，用『仁』和『道』辦事的君主，百姓就會和他一條心。君主處處為百姓着想，即使打仗也不加重百姓的負擔，不違背農時耕作，維持和平秩序，這樣百姓就擁戴他，為了國家可以不畏艱難不惜生命。『仁』是戰爭謀略的道德標準，仁者之師是無敵於天下的。」

取勝之道

一位將軍問道：「那麼，假如真的打了起來，我們可以採用些什麼辦法來取勝呢？」

孫武說：「到了不得不打的一步，那我們就要千方百計取勝。首先要從五個方面分析打的條件——道，也即是不是取得了民心；天，即是季節氣候是不是合

適；地，地形、路程等是不是有利；將，將領是不是智足多謀，有能力帶兵；法，軍隊的編制、管理、軍紀是否嚴格與合理。也要從這幾個方面瞭解敵方的情況，對比敵我力量的差距，盡力在戰前作好充分的準備，取勝才有紮實的基礎。」

有位將軍說：「明白了，知己知彼之後，就能百戰百勝！」

孫武說：「不，我說的是『知己知彼，百戰不殆』！」

將軍問：「為什麼不說百戰百勝呢？」

孫武解釋說：「儘管我們作好了戰前的充分準備，但是開戰以後，戰場的形勢千變萬化，是否一定能取勝還很難說。『殆』是危險的意思，戰前瞭解了雙方的情況，根據情況作出相應的戰略安排，就會減少危險。所以說：知己知彼，百戰不殆；知己不知彼，一勝一負；不知己不知彼，百戰必殆。戰場上要能取得勝利，還要統帥隨機應變，靈活指揮。」

有人問：「作為統帥，怎麼能做到這一點呢？」

孫武說：「這就要求統帥有勇有謀，有智有慧。『智』是建立在『知』的基礎上的，所以統帥要在戰場

上隨時掌握敵人的動態。」

一位將軍說：「這是很難做到的呀，作戰時的部隊調動、作戰計劃都是絕對保密的。」

「是的，所以戰爭中要使用間諜，派遣聰明機靈的人去刺探敵情，作為將領又要區別情報的真假，也可放送一些假情報來判斷和印證情報⋯⋯」

將軍歎道：「啊，情報工作這麼複雜！」

孫武說：「這方面的詳細論述請看我書中的『用間篇』。但是『智』只是取勝的一個方面，另一方面，要靠『力』，就是一支富有實力的軍隊，沒有強大的兵力，再好的作戰計劃也不能實現。」

有大臣說：「即使有了一支強大的軍隊，沒有一位好將領也是不行的。」

「對！」孫武說，「將領要善於用兵，取得敵人的城池不是靠硬攻，消滅敵國不是靠持久戰，而是要速戰速決，以謀取勝，可以保全兵力。另外，用兵的原則是：有十倍的兵力就可包圍敵人，五倍兵力就進攻敵人，兩倍兵力就分割消滅敵人，兵力與敵人相當就可以抗擊，兵力少於敵人就避免正面衝突，兵力很弱就撤退，不要硬拼，以實擊虛，好像用石頭砸雞蛋，不要用

雞蛋去打石頭。」

孫武再進一步用生動的比喻來解說：「湍急的流水為什麼能移動大石頭？是因為流水有巨大的衝擊力；天上的雄鷹為什麼能抓住飛鳥？是因為牠處在有利於爆發衝擊力的時空位置，動作迅猛。所以一個好將領要善於把自己的軍隊處於有利地位，看準時機發動猛烈進攻。面對強大的敵人，要設法分散他的兵力，運用奇兵，出奇制勝，牽着敵人的鼻子走，讓敵人處於被動，造成對自己軍隊有利的形勢。善於進攻的，能使敵人不知道怎樣防守；善於防守的，能使敵人不知道怎樣進攻。」

眾人聽得不停點頭，深深佩服孫武的用兵技巧。

孫武總結一句：「作戰沒有固定不變的一套方法，就像流水沒有固定的形態那樣，全靠在戰場上運用智慧相機行事，就能用兵如神了。」

實際運用

有一次，吳王問孫武：「我仔細看完了你的著

作，講得太好了！但是你的這些兵法運用在實踐中的情況會怎麼樣呢？」

孫武胸有成竹：「我的兵法不僅適用於士兵，即使是對老百姓，男男女女都可以此訓練。」

吳王大笑：「那不妨拿我的宮女來試驗一下吧。」

180名宮女分成兩隊站在練兵場上，各持一根長戟。孫武講解了動作要領，並且宣布操練時要嚴肅認真，不得喧嘩，一切要聽從鼓聲指揮等規則。

鼓聲一響，這羣宮女覺得好玩，嘻嘻哈哈笑成一團，隊不成形。孫武沉下臉來把軍規又說了一遍，並囑咐兩位隊長要以身作則。

但是第二次擊鼓後，宮女們仍不當一回事，不僅做不好動作，還笑得前仰後合。孫武大怒，吩咐把兩位隊長拉下去斬首，任憑旁觀的吳王求情也沒用。孫武說：「軍隊要有鐵一般的紀律。沒有一支聽從命令的軍隊，就完不成你夢寐以求的大業！」

之後，這支宮女隊伍果然操練得有板有眼，一點也不比男兵差。

吳王看到了孫武的能力，封他為上將軍。孫武為

吳國訓練和整頓了軍隊，公元前506年吳軍進攻楚國，攻克楚都，其中柏舉之戰是孫武在歷史上唯一留下的帶兵作戰記錄，也是戰略上的經典之作，以三萬吳軍擊敗二十萬楚軍；後來又征服了越國，重創齊和晉，吳國成為春秋末期新一代霸主。

　　孫武這部充滿睿智的兵書影響了全世界——《孫子兵法》被翻譯成三十多種文字，成為各國的軍事教科書，是世界三大兵書之一。現代人們在商業經濟、醫學、企業管理、弈棋、體育競賽等方面也都用它作為戰

術戰略的指導，它是中國古典軍事文化遺產中的璀璨瑰寶。

1972年山東臨沂市銀雀山出土了《孫子兵法》的竹簡，這份珍貴的文物現藏於山東博物館內。

足智多謀的田單

　　田單——生卒年月不詳。戰國時期齊國軍事家，山東臨淄人，「即墨之戰」以離間計、激將法和火牛陣大破燕軍。

亂世受命

　　田單是戰國齊王室的遠房親戚，在齊國首都臨淄做一個管理市場的小官。他很有能力，聰明能幹，人們都很敬佩他。

　　戰國後期，局勢混亂，東邊的齊國和燕國連年征戰，你爭我奪，互不相讓。燕王自從有了軍事家樂毅協助後，國力漸漸強盛，但還敵不過強大的齊國。公元前284年，趁齊國內亂，燕王就聯合趙、魏、秦、韓四國，以樂毅為總指揮，大舉入侵齊國。

　　齊軍在五國聯軍的強勢進攻下，節節敗退。樂毅攻下了齊國首都臨淄，又在半年之內接連佔領了齊國七十多個城鎮，差不多消滅了齊，只剩下莒和即墨兩個城市還沒攻克。

　　百姓紛紛離開臨淄，向即墨逃難。田單很有先見之明，早在聯軍出動之時，他就估計臨淄是保不住的，所以早早叫族人做好出逃的準備。他叫大家把載人運物的大車的車軸兩頭鋸短，頂端都包上鐵片。族人都不明白他的用意，問他這是為什麼？他說逃難時你們就知道了。

果然，逃難的路上人車川流不停，擁擠不堪。一般的大車的車軸很長，路上很容易與其他車輛碰撞，或是折斷了車軸或是被堵塞在路上動彈不得。只有田家經過改良的大車能順利前行，到達即墨。

　　樂毅率領聯軍發起了最後的攻擊，他兵分兩路分頭攻打莒和即墨。即墨守將在抵抗時受傷犧牲。失去了總指揮，軍隊陷入混亂，全城人心惶惶。

　　即墨城的幾位長老商議：「從臨淄過來的田單向來足智多謀，辦事也有魄力和勇氣，以前也帶過兵。他一定有辦法。不如請他出來帶領大家抗敵，解除即墨的危機。」

　　國難當頭，田單不想推辭，就臨危受命，成了即墨的守城將軍，挑起了這份重擔。

鼓舞士氣

　　田單很懂得心理戰術。他首先要鼓動即墨民眾的士氣，讓全城上下一條心，合力抗敵。

　　因為即墨是齊國一個大城市，物產豐富，資源不

缺，具有防禦的良好條件，所以樂毅久攻不得，就把即墨包圍了起來，兩軍相持。田單利用這段沒開戰的時機整頓軍隊。他集合了七千士兵加以訓練，並擴充了隊伍，把自己的族人和家人也編入部隊，婦女就在軍隊裏做伙房工作，供應軍隊膳食；他組織人力修葺城牆，加強防務；他親自巡查城防，生活上與士兵同甘共苦，空閒時他坐下來和士兵一起編草蓆草鞋，挖工事時他也揮起鐵鍬一起幹⋯⋯將士們都很感動，很敬重他，對他很信任，這樣軍隊的士氣就很高漲。

田單還巧妙地利用了民眾敬畏祖先的心態。他對大家說：「我們的祖先一定會保佑我們戰勝敵人，我們的國家不會亡。大家每天都要在庭院裏設祭台拜祭祖先，求得祖先庇護。」因此，百姓都這麼做了，每天開飯時拜祭用的菜肴香味都引來很多雀鳥飛來覓食，田單就說：「這是祖先和神仙顯靈來幫助即墨啊。」

使用離間計除掉勁敵

田單深知樂毅是一位非常出色的大將軍，燕軍因為有了他的帶領才能長驅直入，逼得齊國落到此等地步。田單一直在尋找機會除掉這個最難對付的敵手。

過了兩年，燕惠王登位，田單知道機會來了！因為他知道惠王不喜歡樂毅，以前他倆有過一些矛盾。於是，田單就使出了一個反間計來離間他們。

他暗中派了一些人到齊國去散布流言：樂毅大將軍一開始進展順利，半年內就打下了齊國七十多個城市，怎麼現在三年內卻遲遲攻不下即墨和莒兩個地方？不是他不能，而是他不幹。看來是樂毅擔心戰事結束他回國後會被惠王殺掉，所以他寧可滯留在齊國漸漸擴展自己的兵力，等待機會自立為王。因此齊國人現在很高興樂毅圍而不攻，最害怕的是樂毅被調走而換了新將領來，那時齊國就必定要亡了⋯⋯

流言越傳越廣，傳到了燕惠王的耳朵裏。他原本就對樂毅存有戒心，覺得他擁兵自守、居功自傲，不把王室放在眼裏，至今遲遲不攻下即墨也令人心煩。惠王果然中了計，他下令把樂毅調回來，另派了大將騎劫去

統率攻齊。

　　樂毅無奈離開了戰場，他當然不敢回燕國，回到了自己的故鄉趙國。田單的計策成功了。

使用激將法煽起對敵仇恨

　　騎劫是個有勇無謀的軍人，哪裏是田單的對手？

　　他上任不久，就有士兵來報告說：聽聞齊人在議論說，以前樂毅將軍對齊人不錯，寬待齊軍俘虜，從不虐待他們；也從來不會去挖齊人祖先的墳墓。如果燕軍挖掘齊人祖墓，還把齊國俘虜的鼻子都削去，再逼他們回過頭來攻打齊國，那就誰也不敢再和燕軍打了，就要投降了！

　　愚蠢的騎劫一聽就中計，心想原來以前樂毅是如此對待齊國人的，難怪戰事遲遲沒進展。他就下令削去齊國俘虜的鼻子，挖掘齊人的多處祖墳。齊國士兵見了個個憤怒極了，對燕軍恨得咬牙切齒，都下決心要英勇殺敵，為祖先報仇，一定不做燕軍俘虜，寧願拼死在戰場。連普通老百姓也紛紛要求加入軍隊去前線殺敵，軍

民同仇敵愾，上下一心，要和燕軍決一死戰。

麻痺敵方鬥志

到了此時，田單還安排了戰鬥前的最後一計：無中生有，麻痺敵人的鬥志。

他讓精壯士兵都藏匿起來，不再在城牆上露面；而只是讓一些老弱婦孺不時出現。使敵方以為即墨城內兵力缺乏，再也沒能力應戰了。

他派幾個人打扮作富商的樣子，帶了大批金銀財寶悄悄地去見大將騎劫，說：「即墨城裏已經很空虛，糧食和食水都成問題，看來維持不久了，聽說軍隊在考慮要向燕軍投降的事。大軍進城後，請將軍手下留情，保護我們的家小和財產。」

騎劫聽了很高興，一口答應。

田單還真的派人去燕軍與騎劫周旋，假裝要談判投降的事。

燕軍都在傳說齊軍即將投降，歷時五年的戰鬥就要結束了，他們都可以回家了。全軍上下心情激奮，殺

豬宰牛大吃大喝慶祝，鬆懈了鬥志，放鬆了警惕。

卻不知，與此同時，田單抓緊時機在積極部署決戰的每一步驟。

「火牛陣」大破燕軍

田單要每家每戶把自己的耕牛送到軍隊，收集了一千多頭壯牛。他下令把每頭牛披上紅紅綠綠的彩衣，兩隻牛角上捆綁了鋒利的尖刀，牛尾巴上纏緊了一束浸透了油脂的茅草。他又下令要士兵在四周城牆上挖了幾十個大洞。

在約定要向燕軍投降的前夕，燕軍都已高枕無憂地進入夢鄉。齊軍士兵把千餘頭裝扮好的牛趕到城牆的大洞旁，牛羣後面跟隨着五千名化裝成怪獸的士兵。戰鬥號令一下，士兵們把牛尾上的茅草用火點燃，被火焰燒痛的牛羣狂叫着從大洞裏向外飛奔，直向燕軍營地衝去。即墨的百姓們站在城牆上敲鑼打鼓高聲喊叫着助威，牛羣後面的士兵手持兵器大砍大殺，燕軍將士們從睡夢中驚醒，見到火光熊熊，怪獸亂奔，還以為自己在

做惡夢。還沒等他們清醒過來尋找武器，早就被牛羣踐踏倒地，或被齊兵砍死砍傷。駐紮在即墨城外的燕軍全軍覆沒，大將騎劫也在混亂中喪命。

火牛陣殺了個燕軍措手不及，齊軍獲得大勝。消息傳遍齊國，各地軍民信心大增，紛紛奮起與燕軍對抗，田單也擴大了隊伍乘勝追擊，很快就把燕軍趕出齊國，收復了七十多處失地。

田單運用妙計建立奇功，挽救了齊國。齊襄王封他為安平君，任命為相國。

用兵奇才韓信

韓信（公元前231年－公元前196年）——秦末
淮陰（今江蘇淮安）人。軍事家、戰略戰術家，西漢
開國名將。

你聽到過「韓信點兵，多多益善」的説法嗎？韓信，是一位傳奇人物，聰明有才幹，是劉邦的建國功臣，出色的兵法家，卻也為此被害，結束他光輝又悲劇性的一生。

潦倒的少年時代

韓信的少年時代過得很凄涼——他家本是韓國公子出身，父親早死。秦滅掉韓國後，他母親帶着他逃亡到這裏，相依為命。母親有心栽培他，設法找來各種書籍給他閱讀，還督促他苦練武藝。這個少年雖然窮，卻胸懷大志。他長得高大清秀，聰慧過人，知識很豐富，對兵法更有研究，總夢想着自己長大後要做一番事業，會出人頭地。因此，在母親過世後，他選了一塊很大的墓地埋葬母親，村裏的人都很吃驚，紛紛議論：

「他瘋了嗎？用這麼大的墓地，是不是想日後有很多人來住在這裏為他母親守墓？」（秦朝的習俗：大戶人家的墓地佔地很大，百姓可在上面建屋居住，看守墳墓）

「哼，他家窮得這樣，還想有人家會給他們守墓？」

這樣一來，這個原本籍籍無名的小子倒是出了名，村人都知道他年少氣盛，心高氣傲。有一位亭長欣賞他的志氣，見他自母親死後食宿沒人管，便收容他住在自己家。可是時間一長，亭長的妻子心有怨言，故意不給他留下一頓早餐。韓信心知肚明，就主動離開了。

年僅十五、六歲的韓信沒什麼謀生本領，只得到淮水邊上去釣魚吃。可是淘氣的魚兒好像也和他過不去，總是不上他的鉤，他整日吃不飽，面黃肌瘦的。有一天，一個在河邊浣紗的老婆婆不忍心，把自己帶來的飯菜分了一半給他吃，以後天天如此。韓信心中十分感激她，就說：「婆婆，謝謝你這樣照顧我，我以後一定會報答你的。」

誰知老婆婆聽了很生氣地責罵他：「我是看你可憐，不想你餓死，才給你飯吃，誰要你報答？男子漢連自己也養不活，有什麼出息！」

婆婆的指責如同當頭棒喝，使韓信猛然清醒，覺得自己不能再這樣依賴一位老人來養他了。

淮陰附近有一片澤地，野獸出沒，無人居住。韓

信住了進去，靠捕食獵物和採摘果食為生，倒也練出了一副強健體格；同時他專心鑽研古代兵書，學到很多知識。

有一天，他到市區去售賣一些獵物，遇到幾個當地的小混混。其中一個攔住了他，挑釁地說：「哼，別看你身佩長劍，是個膽小鬼！你敢和我比劍嗎？怕死不敢吧？那麼，你就要從我胯下鑽過去！」

旁邊的幾個也跟着起哄。韓信心想：若是與他比武，惹出事來自己會觸犯法律，為此坐牢或賠上性命是不值得的，會影響他的前途。他理智地壓下心頭的怒火，俯下身去一聲不響從這個流氓的胯下鑽了過去。從此，淮陰人都認為韓信是個懦夫，更看不起他。但韓信

心頭坦然，全然不把他人的議論放在心上。

良禽擇木而棲

公元前209年，陳勝、吳廣揭竿起義反秦，韓信等待已久的機會來了。

以前六國的貴族豪傑也紛紛起來鬧事，其中以項梁、項羽叔侄倆率領的楚軍和劉邦率領的漢軍聲勢浩大。項梁擁護楚懷王建立楚國，隊伍擴大到十多萬人，行軍經過淮陰的時候，韓信就加入了楚軍，等待出力立功的機會。

可是當時韓信在淮陰的名聲不太好，掌管楚軍的項羽也不瞭解他的才能，所以只是讓他當了一個小小的糧官。

項羽率領隊伍去解救被秦國大軍包圍的趙軍，全體部隊過河之後，項羽命令把渡船鑿沉，砸破飯鍋，燒掉岸邊的房屋，只帶三天乾糧行軍。士兵們都不理解將軍的做法，但是韓信雙眼放光，他懂項羽的心思——這表示軍隊誓不回頭、拼死作戰的決心，這種破釜沉舟

的心情也是他韓信當年決定進入澤地獨立生存的心情。韓信十分佩服和欣賞項羽這種氣吞山河、力能拔山的氣魄，所以他跟隨着項羽英勇殺敵。鉅鹿一戰秦軍大敗，項羽聲名大振，各路諸侯都推舉他為諸侯軍的統帥。

韓信因為表現出色，被升為郎中，可以每天閱覽各地戰報，也有了接近項羽的機會。他從戰局形勢中看到楚軍與秦軍大戰時，劉邦正利用這個機會在壯大自己的勢力，他就向項羽進言道：

「大王，楚懷王立下的約定——誰能先率軍進入關中，就會被封作關中王。我們要迅速行動，別在這兒耽誤太久，看來劉邦在暗中發展力量與您較量呢。」

項羽沒把他的話放在心中，卻大笑道：「放心吧，劉邦攻不下秦關的，諸侯中沒人能和我爭。」

韓信悻悻退出。

後來又發生了一件事，使韓信的心更涼了：楚軍俘虜了二十萬秦兵，現在楚軍要向關中進發，有人就建議殺了這些俘虜，免得成為一個大包袱。韓信急急去向項羽進言，說千萬不能殺這些俘虜，不然以後沒人敢投降楚軍了。但是項羽又沒聽取他的意見，還是活埋了這二十萬秦軍！這件事，使項羽在韓信心目中的英雄形象

大為減色。

　　形勢正如韓信所預料的那樣：劉邦向西進軍，長驅直入，開進了咸陽城，秦王投降。劉邦廢除了秦的一切苛刻的法規，封存了官庫，宣布了安撫百姓的約法三章──軍隊殺了人要償命、傷了人要治罪、搶劫了東西要懲罰，這樣維持了社會秩序，很得民心。

　　項羽急忙率領四十萬大軍攻破了函谷關，劉邦知道自己的兵力不是他的對手，便退出咸陽。項羽在鴻門紮營，約劉邦會面。這就是歷史上有名的鴻門宴。席間劉邦假意向項羽賠禮，項羽手下都示意要項羽立即殺了劉邦，但是項羽很猶豫，放走了劉邦。

　　韓信很惋惜項羽讓劉邦脫身，認為是放虎歸山；但他也很佩服劉邦能屈能伸。韓信估計，日後一定是項羽與劉邦兩人爭天下。

　　項羽進關後的所作所為讓韓信很失望──他殺盡秦王族，搶走了宮裏的珍寶，燒毀了秦宮殿……飛揚跋扈，不可一世。

　　韓信對項羽的信心動搖，卻看出劉邦是委曲求全，蓄勢待發，便離開了項羽，去投靠已被項羽封為漢王的劉邦。

運用兵法屢建奇功

　　韓信在劉邦手下起初也沒被重用。後來劉邦的丞相蕭何在一次與韓信交談中發現了這個人才，便向劉邦推薦。但是劉邦遲遲沒有接見和重用韓信的表示，當時很多官員見劉邦沒有什麼作為就紛紛離去，韓信也心灰意冷，在一個夜晚騎馬離開了。

　　蕭何聽説韓信走了，急忙策馬追趕，追了三天把韓信拉了回來，「蕭何月下追韓信」一時傳為佳話。蕭何對劉邦説：「如果你就這樣窩在此地，就不用韓信；如是你想爭天下，他是不可少的！」

　　劉邦很信任蕭何的眼光，就隆重地拜韓信為大將軍。韓信向劉邦分析了項羽和他兩人的長處和弱點，提出要在半年之內幫劉邦取得關中，重返咸陽。

　　韓信獲得了應有的地位和尊重，大顯身手的機會來到了。他意氣風發，準備大幹一場。

　　首先，他獻策要劉邦派小量士兵整修通往關中的棧道，裝出要從棧道出擊的假象，實際上韓信親自帶着大部隊從小路陳

倉出發，出奇制勝，一個月內擊敗秦軍，重返咸陽。這就是「明修棧道，暗渡陳倉」的故事，後人用來比喻以假象掩飾秘密行動。

韓信，這個青年將軍一戰成名，使世人對他刮目相看。劉邦雖高興，但多疑的他在心中也產生了對韓信的猜疑和嫉妒。

劉邦用政治利誘和軍事威脅手段降服了各諸侯，他得意忘形，親自率軍去攻打楚國首都彭城。帶軍在外的項羽急忙回頭救彭城，以少勝多，劉邦大敗，狼狽逃到滎陽。韓信趕來收拾殘局，重整軍隊，三個月內扭轉局勢，轉危為安。

韓信帶着少量的兵力北上，他用兵如神，聲東擊西，神出鬼沒，一個月內平定魏國；收降了代國和燕國；又以四萬兵力背水一戰，打贏了二十萬趙軍，創造了身處絕境中拼死求勝的奇跡。

接着，韓信帶兵佔領了齊國，形成了劉邦、項羽、韓信各擁有一支強大的軍隊，鼎足而立。這時，項羽派人來力邀韓信與他共同對付劉邦；也有謀士勸說韓信離開生性多疑的劉邦，自立門戶。但是韓信念及是劉

邦給了他發揮才能、實現抱負的機會，不想背叛劉邦，還是留下來幫他打天下。

疲乏的項羽與劉邦講和，以古運河鴻溝為楚漢分界，以西屬漢，以東屬楚，各自退兵。這就是中國象棋棋盤上楚河分界的來歷。

但是第二年劉邦背信棄義，部署大軍圍攻項羽。公元前202年，韓信先布置了十面埋伏，親自率三萬大軍在垓下一地把項羽十萬兵馬引到埋伏圈，一到夜晚以四面楚歌瓦解楚軍鬥志，項羽只帶着二十八人逃到烏江邊，揮劍自刎而死。

四年內，韓信幫劉邦奪得了天下，他的人生路也走到了盡頭——劉邦立即剝奪了他的軍權，最後被劉邦的妻子呂后以「謀反」罪名殘酷處死。臨死前韓信哀歎：「狡兔死，良狗烹；飛鳥盡，良弓藏；敵國破，謀臣亡。」這句成語「鳥盡弓藏，兔死狗烹」比喻事情成功後，就把曾經出過力的人拋棄了。

韓信死時才34歲。他的傑出軍事才能譜寫了楚漢相爭的輝煌歷史篇章，他出神入化的指揮戰鬥藝術，為後世留下了大量軍事典故和戰役傑作。他短暫一生是場悲劇，卻如一顆璀璨的流星，曾經劃破黑暗的夜空。

「智慧神」諸葛亮

　　諸葛亮（公元181年－公元234年）——字孔明，東漢末徐州琅邪陽都（今山東沂南）人。三國時期蜀漢丞相，著名政治家、軍事家。

三顧茅廬出師

　　諸葛亮出生在一個官吏之家，祖先幾代都曾在朝廷做官。年幼時他的父母就相繼過世，他和弟弟就跟着叔父過日子。叔父很重視對兩兄弟的教育，諸葛亮自小時起就飽讀經書，叔父常常教導他長大了要多做好事，要為百姓謀福利。

　　東漢末年皇室權力削弱，軍閥混戰，天下大亂。叔父過世後，十七歲的諸葛亮帶着弟弟搬到荆州襄陽城外的隆中隱居，住在茅草屋裏專心讀書，還親自耕種田地，自食其力。十年裏他閱讀了大量史書，並結合眼前局勢認真思考，逐漸形成了自己的一些看法。他對天文地理也十分熟悉，還精通兵法戰術。他常把自己比作春秋時期的政治家管仲和軍事家樂毅，總想將來要做一番大事業。有時他和一些朋友談天論地，朋友們都很欽佩他的精闢見解。有人稱讚他的才能，說：「你像是一條躺臥的龍，一旦有機會，定能騰空起飛，前途無量！」所以諸葛亮又號「臥龍先生」。

　　官渡大戰中漢宗室後裔劉備被曹操打敗了，他屯兵在新野，力量很薄弱，沒有地盤，想廣招人才。有人

就向他推薦説：「隆中的諸葛亮是個奇才，你應該親自去請他來幫你。」

劉備就和關羽、張飛一起，帶備了禮物來到隆中拜訪諸葛亮。可是茅屋緊閉，不知道他到哪兒去了，三人失望而歸。

過了幾天，三人又冒着大雪來到隆中，但是只見到諸葛亮的弟弟在讀書，説哥哥去拜訪朋友了。劉備只好留下一封信説明自己的來意。

後來，劉備選了個好日子要再去。張飛不耐煩了，説：「我去把他捆綁了帶來！」關羽也説：「是不是他不敢見我們，故意躲起來了？」劉備堅持要去。

這次諸葛亮在家，但是正在午睡。劉備坐在台階上等了一個時辰才見到他，向他請教挽救國家危局、平定天下的方法。諸葛亮就在草堂為劉備分析了天下的形勢。諸葛亮説：「曹操在北方挾持朝廷佔了天時，很有實力；孫權在南方靠父兄的基礎佔了長江地利，是可以連盟合作的對象；您應該在富庶的西川發展，荊州的劉表和益州的劉璋成不了事，百姓都希望有一位賢明的領袖來領導，您是漢皇室後代，佔了人和，可以在這裏建立自己的地盤，成就大業，與曹、孫形成三足鼎立的形

勢，以後可以聯合孫吳來對付曹操。」劉備聽了十分佩服，懇請他出來協助。諸葛亮見劉備態度誠懇，一心為維護漢宗室，真心來求助，就答應了幫他。

日後「三顧茅廬」這個典故用來比喻真心誠意一再去拜訪有本領的人，尋求幫助。

草船借箭

諸葛亮走出茅廬協助劉備，立即大顯身手。他首先整頓擴展軍隊，把只有幾千人的軍隊擴大到幾萬人，大大加強了劉備的實力。劉備很高興，對結義兄弟關羽和張飛說：「我有了孔明，就好比魚得到了水。」

這時的曹操基本上平定了北方，野心勃勃想一統天下。公元208年7月，曹操率領八十萬水軍南下，先取下了荊州，劉備的情況很危急。諸葛亮自告奮勇去見孫權，分析了眼前曹兵的劣勢，說服他和劉備聯合起來對付曹操。孫權被他說服了，撥出三萬水軍聯同劉備一萬人馬共同作戰。為了表示合作的誠意，諸葛亮主動留下來協助東吳大將周瑜。

周瑜很妒忌諸葛亮的才華，總想找機會除掉他。於是他就在一次軍事會議上故意刁難諸葛亮：「現在軍中的箭不夠用，軍師能否在十天內造出十萬支箭來？」

　　諸葛亮回答說：「十天時間太久了，曹操隨時都會出擊，給我三天就行了。三天內完成不了，我甘願受罰。」

　　周瑜心中大喜：十天內造十萬支箭本就不可能，如今他只要三天，到時就莫怪我按軍規辦事了。

　　別人都為諸葛亮捏一把汗，擔心他無法完成任務會受罰。但是諸葛亮胸有成竹，只是吩咐手下悄悄準備了二十條船，每條船上只派三十名士兵守着，船身兩側排列數排稻草人。等到第三天深夜，江上升起濃霧，船隊就向曹營駛去。行近時，船上戰鼓齊鳴，曹軍急速報告曹操。江面上大霧迷漫，曹操看不清虛實，深怕船隊後面有埋伏，不敢貿然出擊，便下令五千弓箭手射箭抵擋。一時間江上箭如雨下，不一會功夫，二十條船上的稻草人身上插滿了箭。這時天也快亮了，大霧漸漸退去，諸葛亮下令收隊返回，臨走時要全體士兵高喊：「謝丞相送箭！」回去一點算，竟收穫了十萬多支箭！原來天文知識豐富的諸葛亮算準了那天晚上會降

大霧，所以布置了這齣「草船借箭」的好戲。

　　周瑜不得不驚歎諸葛亮的神機妙算，不僅讓老奸巨猾的曹操上了一次大當，連他周瑜也被他騙過。他承認「諸葛亮的確比我高明！」

　　後來諸葛亮和周瑜一起運用了苦肉計、假投降和設計了火攻的辦法，在長江赤壁打敗了八萬曹軍。曹操狼狼逃回，從此不敢南下。劉備取得大部分荊州，後來又取下益州和漢中，站穩陣腳。曹操病死後兒子曹丕稱帝，建立魏國；劉備也稱帝建立蜀國，孫權遷都建業，國號吳。從此形成了三分天下的局面。

鞠躬盡瘁死而後已

之後，都是劉備帶軍出征，諸葛亮這位軍師為他出謀劃策，並且做好備糧備兵的後勤事務，兩人配合得很好。公元223年，劉備病重，臨終前向諸葛亮托孤說：「你的才能完全能夠復興漢室。如果你覺得劉禪尚可，就輔助他；如果他實在不行，你就取代他稱王吧！」諸葛亮流着淚表態説：「我一定盡自己的全力輔助新君，忠貞不二，至死不渝！」劉備囑咐劉禪要把諸葛亮當父親對待。

劉禪繼位後，封諸葛亮為武鄉侯，大小事務都聽從他安排。諸葛亮成了蜀漢的實際統治者。

諸葛亮運用自己的超人智慧，懷着一顆愛國愛民的心，在政治、經濟、軍事、外交各個方面都治理得非常出色。

政治上，他嚴格遵守禮制、執行法規，上下一視同仁，獎罰分明；公平選拔人才，慎用權力，鼓勵朝臣進諫。因為他胸懷坦蕩，辦事公正，作風樸實，從不為自己謀私，大家都很敬佩他。

經濟上，他鼓勵因地制宜的農耕，軍隊也從事農業生產，以減輕百姓負擔；當地富裕了，很多外地人遷移過來，漢中地區繁榮了，百姓安居樂業；他還整修了很多水利工程，保證了漢中盆地的經濟發展。

軍事上，諸葛亮本身是一位高明的軍事家、兵法家，他有一套治軍法，還曾設計戰鬥用的八陣圖，也寫下了好幾部軍事著作，並發明了打仗用的運輸工具木牛流馬、發放信號的孔明燈、連發十箭的連弩等。兩年整頓後，公元225年開始，諸葛亮親自率領軍隊南征北戰。

他首先南下，深入不毛之地平定少數民族的叛

亂。半個月內進展順利，收服了西南的幾個郡。但是有個部族酋長孟獲卻是十分頑固，憑着自己的勇猛和部族中的威望，一直與蜀軍抵抗，不肯投降。

諸葛亮決定對孟獲採取安撫人心的策略，攻心為上。所以他命令手下只要活捉孟獲，不准傷害他。

孟獲有勇無謀，第一次交鋒就中了蜀軍圈套，被抓住了送到諸葛亮跟前。他以為這次自己一定活不成了，想不到諸葛亮親自為他鬆了綁，好言好語勸說他投降。他當然不依，諸葛亮就命令手下放了他。

孟獲回去後重整隊伍，再次前來挑戰，又被捉住，諸葛亮又放了他。如此七擒七縱，孟獲被感動了，放他也不走了，說：「丞相對我如此仁至義盡，我也沒什麼好說的了，我們不造反了！」

孟獲一投降，南蠻

的叛亂就完全平定了。諸葛亮撤出全部蜀軍，讓當地有聲望的人來管理，還傳授給百姓先進的農耕技術，開發了西南地區的經濟。

沒有了後顧之憂，諸葛亮先後六次北伐曹魏，進出祁山，有輸有贏，但終究未能完成統一天下的大業。公元234年最後一次出征路上，因為長期的操勞和艱苦的征戰，他一病不起，在五丈原逝世，享年五十四歲。

這位「智慧神」臨終前還布置了一條妙計：他要部隊把他的死訊保密，用個木像穿戴着他的服飾坐在車裏，隨軍緩慢撤退。魏軍懷疑是他在用計誘敵，不敢追趕，這就保證了蜀軍安全返回。

諸葛亮是中國傳統文化中忠臣與智者的代表人物，他一生高風亮節，盡忠職守，以復興漢室為己任；又博學多才、智慧超人、通曉天地、精通軍事、運籌帷幄，集「忠、義、智、勇」於一身，「鞠躬盡瘁，死而後已」的奉獻精神更成為後人的楷模。海峽兩岸多地建有武侯祠廟紀念這位偉大人物。

壯志未酬的岳飛

岳飛（公元1103年－1142年）──相州湯陰縣（今河南省湯陰縣）人。南宋抗金名將，民族英雄。四次北伐大破金兵，但遭奸臣誣害冤死。

大鵬降臨

公元1103年初，在相州湯陰縣的一個小村莊裏，有個名叫岳和的農民正焦急地在門外等待屋裏妻子分娩。幾個時辰過去了，一點消息也沒有。忽然，不知從哪裏飛來一隻碩大的鵬鳥，展翅在他家屋頂上空來回盤旋飛了幾圈才離開。飛鳥拍打翅膀的喧鬧聲引得很多鄰居出門來觀看，大家嘖嘖稱奇：「這種大鵬鳥是南方才有的，怎麼會飛到這裏來呢？」正在此時，屋裏傳出嬰兒響亮的啼哭聲，接生婆喜滋滋跑來報喜：「生了，一個大胖小子！」

岳和高興萬分，他想起剛才飛來大鵬的事，就給兒子取名「飛」，字「鵬舉」。

岳飛從小喜歡讀書寫字。父母雖然窮，但想盡辦法給他買書。沒錢買筆墨紙張，母親就教他用柳枝在沙地上練習寫字。岳飛尤其愛讀一些兵法書，一本《孫子兵法》看得津津有味，愛不釋手。

岳飛還喜歡舞刀弄槍練武藝。他長得高大強壯，力大驚人，跟隨了幾位師傅學習槍法和射箭，二十歲時

他已經舉得起三百斤的鐵弓，射箭又準又快，還能左右開弓，百發百中。

入伍抗敵

那時，北方的女真族建立了金國。1127年，金兵南下一直攻到黃河邊，懦弱的宋徽宗嚇得讓位給欽宗。金兵攻入宋都汴京，俘虜了徽宗和欽宗，南宋滅亡，歷史上稱作「靖康之恥」。

見到國家遭難，岳飛在家裏坐不住了，父親知道他的心願，鼓勵他說：「為國效勞是天經地義的事，你這隻大鵬是應該飛出去了！」

岳飛參加了康王趙構的抗金軍隊，表現英勇。但不久後父親過世，他回家辦理喪事和守喪四年。眼看金兵長驅直入，侵犯中原，欺凌百姓，岳飛心急如焚，一心想投入戰鬥殺敵，但又放不下年邁的母親。母親姚氏看出他的心意，有一天，便把他叫到跟前，命令他在祖宗牌位前下跪。

岳飛不知道母親想做什麼，但他一向聽話，便乖乖地跪下。

母親脫了岳飛的上衣，在他背上刺了四個字：精忠報國！

母親嚴肅地對他說：「父親若在世，一定不喜歡你這樣賦閒在家無所事事的，我知道你一心想上戰場，為什麼不去呢？」

岳飛說：「我放心不下母親大人啊，我理應在家照顧您的呀。」

母親說：「我身體還健康，能照顧自己，還有你妻兒在家陪伴，你有什麼不放心的呢？你從小讀了那麼多的書，應該報效國家了！精忠報國，希望你帶着這句話一輩子都記住它！」

得到了母親的鼓勵，岳飛就辭別了家人，重新入伍。

幸逢名將宗澤

重入部隊的岳飛如魚得水，以他的報國熱情、英勇氣概和高超武藝在戰鬥中表現出色，被不斷提拔。

後來，他奉命調到當時抗金的中心人物——宗澤的軍隊中。宗澤是朝廷主戰和主和兩派中堅決主張抗戰到底的愛國大將，他雖然年紀已經不小，但每次戰鬥中都奮不顧身，衝殺在前，是岳飛心中崇敬的偶像。

宗澤也很喜歡這個有勇有謀、很有才幹的年輕人。1128年1月，金兵大舉進攻孟州的汜水關，宗澤派岳飛率領五百騎兵去抗敵，對他說：「汜水關是個很重要的軍事要塞，不能落入金兵手中，你一定要保住它！」

岳飛自信地回答：「一定完成任務！」

金兵的數目比岳飛的隊伍多出好幾倍，岳飛知道這是一場硬仗，必須用智謀來取勝。

他把五百騎兵帶到氾水關附近的山下，吩咐大家每人手拿兩束乾草，分散埋伏下來。

等到半夜時分，岳飛命令士兵們點燃手中的乾草，把火把高高舉起，並高聲喊叫。金兵從睡夢中驚醒，見到漫山遍野的火光，聽到震天動地的吶喊聲，以為宋軍主力來到，嚇得屁滾尿流，爭先恐後逃命。岳飛帶領騎兵立即衝過去追殺，把幾千名金兵殺得片甲不留，保住了氾水關。

凱旋回來後，宗澤把岳飛升為統領，還常常跟岳飛交談用兵之道。

有一次，宗澤把一張作戰用兵陣圖交給岳飛，對他說：「你的才智勇氣，都不比古代的良將差。但是你喜歡打野戰，這卻不是古代的兵法。以後你當了大將，這樣做是不夠的，你看看古代這些作戰圖吧。」

岳飛回答說：「兵法之道，在於出奇制勝。畫好布陣圖作戰，是古代打仗的做法。但是戰場上形勢變化莫測，要隨機應變，靈活運用兵法。」

宗澤聽了點頭稱是，心中非常佩服這位小將的精闢見解。

當時朝廷中宋高宗和一批寵臣貪生怕死，一直主張向金兵講和，割地賠款，還把國都南遷。宗澤是堅決反對這樣做的，他一再要求高宗准許他帶兵渡過黃河，把金兵趕出國土，還為此製定了北伐作戰的計劃，上奏二十四次，但是一直等不到高宗的批准。宗澤心情鬱悶，加上操勞過度，七十歲時就與世長辭。臨終前，他歎着氣對岳飛和部下說：「我的心願無法完成，你們要繼續努力，趕跑敵人，收復國土啊！」

岳飛含着淚向老將保證：「我們一定繼續打下去，把金兵趕出中原！」宗澤臨死前嘴裏還不斷唸叨着：「過河，過河，過河⋯⋯」

撼山易撼岳家軍難

宗澤過世後，接替他的是怕死的投降派王充，因此江南很多地方也相繼被金兵佔領。但是岳飛繼承老將軍宗澤的遺志，繼續在大大小小的戰役中重創金兵，抵

禦金兵一次次的進攻，收復一塊塊土地，他的軍事才能得到充分的發揮。

在多年的戰鬥中岳飛漸漸建立起一支紀律嚴明、英勇善戰的岳家軍。岳飛治軍很嚴格，有罪必罰，有功必賞，絕不含糊。「凍死不拆屋，餓死不打擄」是岳家軍的口號。凡是損壞了百姓的莊稼、與百姓買賣不公平的士兵就一律斬首。他的部隊所到之處不但不騷擾百姓，還幫助百姓重整家園、恢復農耕、興修水利……到處都得到百姓的擁護和愛戴，當地的青年也受到岳家軍的感召紛紛入伍抗金，部隊不斷擴大。經過多次擴編，岳家軍的兵力從幾千到上萬、三萬、十萬左右！從1128年起到1141年為止的十餘年間，岳家軍同金軍進行了大小數百次戰鬥，所向披靡。

岳飛和士兵同甘共苦，常常和士兵一起住茅屋一起進食，沒有任何優待；士兵有病有傷，他親自慰問；士兵家庭有困難，他讓軍隊送錢送物……他還常常變賣了自己的家產製造弓箭給軍隊用；朝廷給他的獎賞他從來都不拿一文，全部分給將士。所以岳家軍內官兵同心，戰鬥力強，人稱可以「以一當百」，連金兵也讚歎：「撼山易，撼岳家軍難！」。

十二道金牌屈死一代忠良

　　公元1141年，金將兀朮率軍南下，打算這次滅掉南宋。岳飛迎頭痛擊。金兵全身穿戴厚重的盔甲，稱為「鐵浮圖」；還把三匹馬用皮繩綁成一排，披上鐵甲，稱作「拐子馬」。這兩支隊伍的殺傷力很大，岳飛就想出了辦法來對付。

　　岳飛要士兵出戰時帶上斧頭，遇到披甲的「鐵浮圖」時，就對準他們的手腳關節猛砍；遇到「拐子馬」時，就要步兵用長刀砍斷露在鐵甲外面的馬腳，一匹馬倒地，其他兩匹馬也就被絆倒了。這個聰明的計策打亂了金兵的陣腳，岳家軍逐步收回了江南一些地方，打到了黃河邊。岳飛激動地鼓勵將士們說：「我們要直搗黃龍，把敵人完全趕出國土！」黃河對岸的百姓更是日日盼望岳家軍過河來把他們從敵人手中解救出來。

　　可是，朝廷卻給岳飛下了一道金牌——皇帝的命令，要他立即率軍回去！

　　岳飛很不理解，眼看最後的勝利在望，為什麼不前進？現在撤軍的話，多年的戰鬥成果不就化為烏有了

嗎？無數將士的鮮血不是白流了嗎？他寫了一道奏章陳述自己的反對意見。

想不到隨之而來的是第二道金牌、第三道金牌、第四道金牌⋯⋯宋高宗一日之內連發出十二道金牌，即是十二道詔書命令他回朝。岳飛不能違抗這樣的最高緊急命令，作為一名軍人只好服從。

原來這是奸臣秦檜的詭計，他與金人勾結後慫恿高宗與金人和談，金人要他先除掉眼中釘岳飛。等岳飛回來後，秦檜又製造了「岳飛擁兵自重要謀反」的「莫須有」罪名，殺害了這位一生忠心報國的民族英雄。

岳飛表白心跡的詩詞《滿江紅》為世代傳頌：

怒髮衝冠憑欄處，瀟瀟雨歇。抬望眼，仰天長嘯，壯懷激烈。三十功名塵與土，八千里路雲和月。莫等閒白了少年頭，空悲切。

靖康恥，猶未雪，臣子恨，何時滅？駕長車，踏破賀蘭山缺。壯志飢餐胡虜肉，笑談渴飲匈奴血。待從頭收拾舊山河，朝天闕。

而奸臣秦檜的半身銅像卻跪拜在岳飛墓前，世代為人唾罵。

一生正氣文天祥

文天祥（公元1236年－1283年）——吉州盧陵（今江西吉安）人。南宋狀元宰相，抗元名將，民族英雄，被俘後寧死不屈。

少年立志

文天祥生活在一個國難當頭的時代。

遷都江南的南宋到了宋理宗登位之後，朝廷更加腐敗。官員們盡情享受富饒江南的美景美食，沉溺於聲色犬馬的奢華生活中，不理國事，忘卻了異族入侵、國土淪亡的恥辱。

文天祥的父親是一位知書識理的愛國人士，他無力改變國家命運，就把希望寄託在兒子身上。不但教兒子熟讀經論詩文，還常常給他講述古代英雄人物的故事，教育他長大後要愛國愛民，救國救民，做一番事業報效國家。

有一天，父親帶文天祥到鄉間的一個書院去參觀。天祥看見書院牆上掛着幾幅人物肖像，便問父親他們是誰呀？父親說：「他們都是我們的同鄉廬陵人，是著名的歷史人物。這是歐陽修，北宋的政治改革家、文學家……」

文天祥高興地叫道：「噢，我讀過他寫的《醉翁亭記》，寫得真好！那位呢，那位是誰呀？」

「那位是民族英雄楊邦乂，」父親歎了口氣說，

「他英勇抗金殺敵，可惜被敵人俘虜了。他堅決不投降，還大罵金將兀朮，被殘酷地殺害了……」

天祥被他們的事跡深深打動，久久站在先人遺像前思考着，他在心中暗暗立志：「他們能做到的，我也一定能做得到。若是死後不能和他們一樣受人尊敬，便不是大丈夫！」

文天祥的父親一生沒做過官，只是喜歡買書讀書，沒錢的時候如果見到好書，他會把身上的衣衫典當了換錢去買書，一書在手廢寢忘食，經常通宵達旦地讀。因此在父親的影響下，文天祥也是個書迷，讀書的範圍非常廣泛，除了詩經之外，天文地理、醫學藥理、兵家著述等書籍他都讀得津津有味。因此他的學問淵博、思路敏捷、興趣廣泛。

文天祥尤其喜歡下象棋，這個嗜好陪伴了他終身。

他棋藝高超，甚至能憑藉過人的記憶力和棋友下盲棋（即是不看棋譜，在腦中下棋和報出下棋的每一步）。可見他日後在指揮戰鬥中的慎密思考和大勇大謀都是來自青少年時代學習與訓練的積累。

狀元做官

1256年，文天祥二十一歲時，到京都臨安去參加科舉考試。殿試時他以《法天不息》為題目，提起筆來一氣呵成，洋洋灑灑寫了一篇萬字文章，針對當前的局勢提出改革的方案，慷慨激昂地表達了他的政治抱負。考官看了他的文章很是讚賞，向宋理宗推薦說：「這篇文章借鑒古人的經驗教訓來分析時勢，顯出他對國家如鐵石般的一片忠心。國家能得到這樣的人才真是值得慶賀啊！」

宋理宗看了文章，見到作者名字叫「文天祥」，覺得很吉利，就選他為第一名，封為狀元，到朝廷做了官。

文天祥長得魁梧高大，相貌堂堂，雙眼炯炯有神，全身上下一股正氣逼人。他做人辦事公正廉明，敢於揭發壞人惡事；他又着力為老百姓辦好事謀福利，所以很得人心，卻遭到奸臣的嫉恨。

不久，蒙古大軍南侵，攻打南宋。有個宦官非但不主張抵抗，還提出遷都。很多大臣不同意，但是沒有人站出來反對。文天祥勇敢地挺身而出，寫了一封信給

理宗，反對逃跑的想法，主張殺了那個宦官，還提出了四項抗敵救國的建議，但是沒有被理宗接納。

只有一名叫江萬里的老官員很欣賞他，常跟他一起議論國事，憂國憂民，感慨萬分。江萬里對文天祥說：「我看，眼下朝廷的官員都貪生怕死，做不了什麼大事，只有你才能擔負起挽救國家的重任。我年紀大了，不中用了，今後大宋國要靠你了！」他說得語重心長，文天祥內心很受震動，更堅定了救國救民的決心。

棄文從武英勇抗敵

1275年，形勢更急嚴峻了，元軍分水陸兩路再一次進攻南宋，逼近臨安。朝廷一片混亂。文天祥這時派任在江西，他見此情況，變賣了自己的家產，招兵買馬，組織了一支三萬人的義軍，日夜操練，準備抗敵；同時還購買軍用糧草屯積起來，以備不時之需。

有位朋友勸他：「元軍分三路南下，已經抵達臨安的近郊了。他們可不是好對付的，元兵個個善於騎馬射箭，行動快，生性兇殘，你那幾萬義軍哪裏是他們的

對手？別去自討苦吃了！」

文天祥回答說：「我也知道這些。可是大家都縮着頭不出來的話，我們的南宋國真的就要亡了。雖然我的力量很薄弱，但是希望更多人像我一樣站出來保家衛國，那力量就大了。我個人的命不重要，為了保衛國家而犧牲，能喚起更多民眾和將士投入抗元，國家就有希望了，我的犧牲是值得的。」

朋友聽了很感動，也加入了他的隊伍抗敵。

文天祥的隊伍轉戰在東南地區，以「正義在我，謀無不立；人多勢眾，自能成功」的口號進行反元鬥爭，取得一些成績。朝廷見他的兵能打，就急急召他帶兵來為朝廷解除包圍。文天祥就再召集當地青壯年入伍，擴充兵力。各方民眾紛紛響應，加入部隊。

臨危受命

文天祥的軍隊開到臨安，卻發現朝廷一點也沒有戰鬥的氣氛。元軍已經兵臨城下，重重包圍了京城，官員們紛紛帶着家眷和財物逃命，丞相一味主張與元軍講

和談判。掌實權的謝太后聽從了他們的意見，親自寫了投降書，還準備獻出歷代帝王用的玉璽。

文天祥見這情況恨得直咬牙，他要求朝廷發令讓他帶兵去與元軍決一死戰，但是朝廷絲毫沒有抗敵的打算，反而任命文天祥為宰相，代表朝廷去和元軍談判。

文天祥理直氣壯地對元軍主將伯顏說：「我不是來投降的，而是以平等身分來和你們談判的。你們無緣無故侵入我們的領土，霸佔了我們的土地，這是強盜行為。你們必須首先撤軍，我們之間才有了談判的可能性；不撤軍，一切免談！」

伯顏大怒，兇巴巴地叫道：「你再胡說八道，我就殺了你！」

文天祥從容地說：「我是宋朝的狀元宰相，我可以用性命來報國！」

伯顏不敢魯莽地殺了南宋派來談判的宰相。但與此同時，朝廷解散了文天祥的軍隊。伯顏得到了這個消息，便把文天祥扣押了起來，打算送到元朝的京城大都。

一路上伯顏還是不停地勸說文天祥投降，但每次都遭到他的唾罵，文天祥還絕食表示抗議。他本想在途

中投江自盡，以身殉國；但想到敵人還在蹂躪祖國，百姓還淪在敵人鐵蹄下，自己不甘心就此撒手。他決定不自盡，想辦法找機會逃走，回去再和元軍鬥。

　　押送船開到鎮江時，當地的愛國人士在那裏接應，準備了一條小船幫文天祥逃了出來。

　　文天祥聽說有人在福州一帶進行抗元活動，就花了兩個月的時間，歷盡千辛萬苦來到福州。

壯烈犧牲

　　文天祥到了福州之後就集合被解散了的老部下，又招募了許多新兵，重整隊伍，率軍對抗元軍。後來元軍攻破福州，朝廷逃亡海上，文天祥率領部隊向江西挺進。正好元國發生內亂，文天祥乘機在江西南部打了好幾個勝仗，收復多處失地，人心振奮。這時全國的抗元形勢轉好，這是文天祥抗元戰鬥以來最順利、成績最好的一段日子。

　　但是元朝內部的紛爭很快就平息了。1278年，元軍就集中兵力從水陸兩方面要徹底消滅抗元的殘餘力量。文天祥的部隊因為兵力懸殊，寡不敵眾，被逼退到海豐北面的五坡嶺。文天祥在吃飯的時候遭到突然襲擊，他吞下冰片想自盡，沒死，在昏迷中被捕，結束了他在戰場上和元軍的較量，轉入在監牢裏的另一場戰鬥。

　　元兵要文天祥在元將面前下跪，文天祥大義凜然地大聲宣布：「死也不跪！」

　　元將要文天祥寫投降書和給別人的招降書，都被他一口回絕，置之不理。

元軍的船隊攻打宋軍的最後據點崖山時，文天祥也被押着前往觀戰。這是很痛苦的一段日子，他眼見戰友在敵人的進攻下紛紛倒下，目睹宋朝的最終滅亡，心如刀絞。悲憤的心情只能借助紙筆寫詩宣洩，《過零丁洋》中的這兩句被人千古傳誦：

人生自古誰無死，

留取丹心照汗青。

文天祥被押送到大都，讓元世祖忽必烈親自處理。

忽必烈很欽佩文天祥的才能和為人，派了元朝宰相、宋朝降將等人以高官厚祿來勸文天祥投降，都被他罵個狗血噴頭。忽必烈見軟的辦法不行，就來硬的——給文天祥戴上笨重的刑具，關押在陰暗潮濕破爛孤寂的牢房裏長達三年多。文天祥忍受了這一切，始終不屈服，在獄中寫下了長詩《正氣歌》。最後忽必烈親自出馬，對文天祥說：「如果你投降，我馬上請你出任元朝的宰相。」

文天祥回答說：「我是宋朝的狀元宰相，永遠忠於我的國家，不事二主。」

忽必烈說：「你的國家已經滅亡了，你的忠心就

沒意思了。」

文天祥堅定地説：「國家亡了，那我除了死，什麼也不要了！」

忽必烈知道再也勸不了文天祥，第二天就下令處死他。文天祥在刑場上向南方拜了一拜，從容就義，是年四十七歲。

文天祥死前在衣帶上寫下了這樣的句子：「孔孟教導我們成仁取義，只有盡了道義，成仁才能實現。從今以後，我差不多可以無愧於聖賢的教誨了。」他那感人的愛國情懷、忠貞不二的民族氣節、寧死不屈的英雄氣概是中華民族寶貴的精神財產，人們永遠懷念這位記載在史冊上的民族英雄。

抗倭名將戚繼光

戚繼光（公元1528年－1588年）——山東蓬萊
人，明代抗倭名將，傑出的軍事家，戎馬四十年的常
勝將軍。

虎門出虎子

　　戚繼光出身在一個將門之家，戚家幾代都是明朝的世襲軍務大官，父親戚景通精通軍事和武藝，而且為人正派，廉潔奉公，從不貪污行賄。他老來才得子，十分寵愛繼光，期望他日後繼承祖業，做一番光祖耀宗的大事業。

　　戚景通悉心培養兒子，戚繼光的童年過得相當辛苦——他要勤讀聖賢著作，學得忠孝仁義的做人道理；又要熟讀兵法，知曉軍事知識；還要舞刀弄槍，掌握一身武藝本領。戚繼光從小就喜歡玩打仗的遊戲，常常和鄰居孩子分為敵我兩方，比賽哪方能首先佔領陣地取勝。他自己往往扮演總指揮官的角色，能制定「戰鬥計劃」、安排「兵力」、出奇制勝……顯示出不凡的軍事才能。

　　戚景通很重視對兒子的品德教育，對他的要求很嚴格，一發現有不良苗頭就及時制止。

　　有一次，戚景通想翻新住房，重蓋一座帶有四個雕花窗戶的房子。戚繼光要求父親加多窗戶，能顯得氣派大些美觀些。想不到父親就此狠狠批評了他説：「四

個窗戶就夠用了，為什麼要多用錢講究什麼氣派？小小年紀別學這種奢華不實的風氣！」

還有一次，外祖父送給戚繼光一雙高級絲質鞋，戚繼光覺得很漂亮，就穿上了。戚景通一見很生氣，立即要他脫下來換穿普通的便鞋：「你看看，同伴中有誰穿這種鞋的？從小就養成這種奢侈的習慣，長大後怎麼為國家為百姓服務？」這兩件事對戚繼光的教訓很深刻，使他牢記在心。

父親的努力沒有白費，戚繼光勤奮好學，加上天資聰穎，很快就成長成為一名能文能武、博學多才、品德高尚的青年。

組建戚家軍南征倭寇

戚繼光十七歲那年，父親病故，他繼承父業，去京城任職，挑起了撫養全家老小的重任。

那時，日本人和一些海盜相勾結，不時侵犯中國東南沿海，燒殺搶掠，給沿海百姓帶來極大的傷害，人們稱他們是「倭寇」。但是明世宗不問政事，奸臣當

道，百事俱廢，海防工作也沒人好好管理。

　　戚繼光上任後就被派去東南沿海剿匪。他來到江蘇、浙江、山東一姓帶視察，只見防務設施簡陋，士兵老朽無能，武器破舊殘缺，靠這些根本無法抵禦盜匪保護百姓。

　　於是他首先着手整頓軍隊。正好浙江省因開礦的事爆發了農民與礦工的一次大規模械鬥，戚繼光趕去那裏，分別召集兩方的民眾說：「你們都是年輕力壯的好男兒，不去前線抗擊倭寇，保衛家鄉，卻在這裏窩裏鬥，互相殘殺，有什麼意思？這樣做值得嗎？現在前線

告急，正需要一批壯士保家衞國，是好男兒的就跟我來！」經過他的反覆勸説動員，不但平息了械鬥，更有數千名青年參加了部隊，擴大了戚繼光的隊伍。

戚繼光親自訓練士兵，制定了嚴格的軍紀切實執行，賞罰分明，絕不含糊。有一次他甚至當眾處罰了自己的親舅舅——一位不聽從命令的老將。但事後他去向舅舅道歉，解釋嚴明軍紀的必要，舅舅明白了他的用心良苦，也承認了自己的錯。自後舅舅帶領一些老將士嚴守軍規，並協助戚繼光練軍，很快就訓練出一支訓練有

素、紀律嚴明、實力強大的「戚家軍」，防守着東南海岸，打擊倭寇。

　　戚家軍每到一地，絕不擾民，還幫助老百姓幹活種田，所以能普遍獲得百姓的敬重和支持。嘉靖和萬曆年間，戚繼光率領戚家軍在浙江、福建、廣東沿海一帶抗擊來犯的倭寇，十多年間經歷了大大小小八十多場戰鬥，終於掃平了倭寇的作亂，保障了沿海居民的生命財產的安全。戚繼光曾經有詩寫道：「南北驅馳報主情，江花邊月笑平生，一年三百六十日，多是橫戈馬上行。」

智勇抗敵

　　戚繼光是一位既勇猛又極富智慧的將領，他在戰鬥中想方設法用極聰明的戰略戰術，並配備適當的銳利武器，因此戚家軍銳不可擋，聞名天下，成為倭寇最懼怕的對手。倭寇稱戚繼光為「戚老虎」，往往一聽到他的名字就聞風喪膽。

　　戚繼光根據士兵不同的年齡、體型和各人的長

處，把他們歸類編組和分別訓練，這樣就能克服每人的缺點，發揚其優點。他還根據南方多沼澤地的特殊地理情況制定了一種巧妙的打法——鴛鴦陣：

在山丘沼澤地帶，道路曲折崎嶇，不能用大部隊作戰，只能和倭寇短兵相接。戚繼光就創造了一種新隊形——每十二人為一組，各持長短不同的兵器：最前面是隊長，後面兩人一個手拿長盾牌遮擋射箭和長槍，另一人手拿輕便的藤牌和標槍、腰刀等武器，可掩護後面的隊伍前進，並可就近與敵人交戰。再後面有兩人手拿戚繼光發明的「狼筅」，即是一根削尖的三米長毛竹，尖端四周留有銳利的枝杈可刺殺敵人。接着是四名長槍手攻擊敵人，最後是兩名手持短刀的短兵手，在長槍手沒能刺倒敵人時衝上前去劈殺。押尾的是一名伙食兵，負責為全隊煮食。

這種隊形好似結伴而行的鴛鴦，所以叫做「鴛鴦陣」。它的好處是使矛和盾、長兵器和短兵器相結合，

靈活使用；隊形可以隨着地形和戰鬥的需要變化為橫隊或縱隊，進攻和防禦也可互相配合。靈活機動的鴛鴦陣經過操練後，在與倭寇的戰鬥中發揮了很好的作用，大大打擊了倭寇的作戰能力。

戚繼光還是一位出色的兵器專家，他改造和發明了很多種武器，如戚氏軍刀。因為明兵用的刀在作戰中常被倭寇的倭刀砍斷，戚繼光研究了繳獲的倭刀，發現有好幾處優點，他就改良製造了一種新式的軍刀，加大了刀刃弧度，減輕了重量但加大了力度（中國國家博物館收藏有一把，刀上刻有「萬曆十年，登州戚氏」八個字）。

戚繼光發現目前使用的鳥銃殺傷力太弱，就發明了一種火器叫「虎蹲炮」，外形像一隻蹲坐的猛虎，殺傷力大得多，也便於攜帶。他還建造了各種大小戰船、戰車。用這些新式武器裝備的部隊，戰鬥優勢大大超過了倭寇。

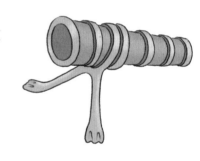

倭寇的行蹤不定，戚家軍往往沒有長時間停下來煮飯休息進食的機會，士兵吃飯都很匆忙，甚至要餓着

肚子去打仗。戚繼光就想辦法如何縮短用膳時間，但又要讓將士們吃飽。

有一次部隊開到一個小村莊，一個老農民送上一種鹹味的餅給士兵吃。餅是圓形的，中間有個小孔，餅面上撒了一些芝麻，吃起來很香，也很耐飢。戚繼光見了受到啟發，就要伙房大量做了這樣的餅，用繩子串起來掛在士兵的頸脖上，就可以走到哪兒吃到哪兒，一點也不影響行軍。這種「光餅」流傳到現在。

北上平定韃靼

南邊的倭寇剛平定，北方又出事——蒙古軍南下侵犯邊界地區。1567年，朝廷任命戚繼光為總兵官，北上　守薊州、山海等地。

戚繼光一上任就着手整編訓練那裏的三萬多名明軍，原本鬆散的隊伍經過他嚴格的整訓，重建軍紀，提高了戰鬥力。

他又加強建設邊界的防禦工事，幾乎每十步或百步就修築一座哨兵站，派兵日夜守衞，隨時可觀察到敵

人的動靜。

戚繼光又完成了修建金山嶺長城的宏大工程。戚繼光管轄的這段長城東起山海關，西至居庸關，是九段中最重要的一區。原先修得草率簡單，戚繼光進行了大規模的修築：他因地制宜在山地低矮處加高城牆，山勢高處修建哨樓，加建了障牆、擋馬牆和供哨兵休息用的空心敵台等，全部用磚石或磚木石，使這段長城結構牢固、設備完善、可攻可守，是萬里長城中的精華段。

針對韃靼遊牧民族用騎兵作戰的特點，戚繼光想出了用「車營」的辦法來對付——每四人推一輛戰車，車裏放着拒馬器和火器。上了戰場後，步兵在戰車掩護下用火器進行遠距離進攻，等敵人騎兵靠近時便用拒馬器抵擋，用長槍刺殺，再派出騎兵追擊。這一戰術在戰場上很起作用，使薊州軍成為當時邊境最強大的部隊。

戚繼光鎮守的薊州固若金湯，打退了韃靼兵的多次進攻，有一次還活捉了韃靼酋長的侄兒，迫使酋長前來求和。戚繼光使用外交手段與他談判，韃靼酋長答應每年向明朝進貢，互不侵犯。從此他再也不騷擾邊境，還開放市場讓兩邊百姓自由貿易。

戚繼光防守薊州十多年，北方邊界逐漸安定。朝

廷知道他勞苦功高，幾次給他升官，最後封他為太子少保。

　　1582年，朝廷裏最支持戚繼光的內閣首輔張居正病逝，奸臣向皇上進讒言，罷免了戚繼光。他回到老家養病，還撰寫了兩部兵書，總結自己帶兵打仗的經驗，於1588年與世長辭。

　　這位傑出的將領自十七歲起，馳騁疆場四、五十年，南征北戰，為民殺敵，守護百姓、保衛國家，人民永遠敬重和懷念他。

民族英雄鄭成功

鄭成功（公元1624年－1662年）——祖籍福建南安。南明將領，抗清英雄，趕走荷蘭人收復台灣，開拓台灣。

皇帝賜名

鄭成功在明末誕生在一個富裕的家庭裏，父親鄭芝龍手下有數十條商船，來往日本和東南亞各地做生意，獲得很大利潤，就購買了軍艦和武器彈藥保護商船，勢力越來越大，發展成擁有四百條船艦和七萬人的一支強大的海上部隊。

明朝崇禎皇帝派兵打不過他，就招撫他為朝廷官員，讓他掌管海上貿易大權，還幫朝廷消滅了幾股海盜。到了南明的隆武朝廷時，鄭芝龍升為招討大將軍，當了福建總兵，是當地的最高軍事長官。

鄭成功的母親是日本人，在日本生下了他，取名森。鄭森六歲時，被父親接回老家福建，和母親暫時分離（十幾年後母親才來與他團聚）。當鄭森見到停泊在福建海面飄揚着「鄭」字大旗的無數商船和戰艦時，才知道自己的父親是個多麼了不起的人物！

鄭森情不自禁喊道：「哦，爸爸，你好厲害啊！」

父親對他説：「你要好好讀書，學好本領，將來你一定會比爸爸更厲害！」

優渥的生活環境給鄭森提供了良好的教育，父親聘請了有名的學者來教他。鄭森勤奮好學，尤其喜歡讀一些英雄人物的歷史書，文天祥、岳飛的事跡深深打動了他，他含淚背誦着《正氣歌》、《滿江紅》等詩詞，志士們的愛國情懷深深植入他幼小的心靈中。

　　鄭森還愛讀《孫子兵法》，對軍事也產生了莫大興趣。後來去拜師學擊劍、射箭、拳法和騎馬，武藝大有長進。父親心想這孩子長大了一定有出息，能成就一番大事業！

　　這時，清人已於1644年入關稱帝。明朝一些舊臣在南京擁立福王做皇帝，想重振明朝。朝廷命令鄭芝龍帶兵到南京護王。二十歲的鄭森跟父親到南京，進入最高學府國子監讀書。在南京他親眼看到朝廷的腐敗、官員的無能和百姓對亡國的無奈與憤恨。不到一年，清軍攻破南京，二十多萬明軍官兵投降，福王被殺。目睹國破山河碎的慘狀，鄭森悲痛萬分，回到福建老家。

　　唐王在福州被擁為隆武皇帝，等待有光復明朝的機會。一天，鄭芝龍帶兒子去拜見皇帝。龍武帝見鄭森一表人才，十分喜歡，拉着他暢談形勢，問道：「你覺得明朝還有復興的可能嗎？」

鄭森在皇帝面前一點也不拘束，侃侃而談：「我看還是有可能的，陛下還有民心支持，只要聯合各地的抗清力量，把大家組織起來，還要籌足糧草，力量強大了就可以北上收復南京。目前最重要的是要守住福建的門戶，不讓清兵侵入……」

隆武帝聽了很合意，也很佩服這個少年的見解和勇氣，就說：「希望你和你父親一起為國出力，恢復明朝江山就靠你們了。」

鄭森激動地回答說：「一定盡忠為國效勞！」

隆武帝很寵愛鄭森，賜他國姓「朱」，改名「成功」。因為皇帝所賜的姓不能隨便用，所以以後鄭森就用「鄭成功」這個名字了。當日隆武帝還賜給他一把尚方寶劍。

得到了這樣的殊榮，鄭成功在心中暗暗發誓：一定忠貞不二為光復國土戰鬥至死！

父子分道揚鑣

幸得皇帝改名後的鄭成功意氣風發，加緊練武；

同時在福建各地招兵和籌糧，以實際行動來實現他對隆武帝的承諾。

但是，形勢起了大變化——1646年夏季，清軍從浙江向福建大舉進軍，衝破了錢塘江防線，進逼仙霞關。

隆武帝一心希望鄭芝龍能夠出兵抗敵。鄭芝龍擁有數十萬大軍和艦隊，原本可以趁清兵尚未站穩腳跟，打他一個措手不及，勝利是很有把握的。但是他遲遲沒動作，推託說糧草不夠、準備不足，實際上是在和清朝派來的大臣暗中聯絡。清朝廷知道擁明力量主要在福建，以鄭芝龍為首的一股軍隊不能忽視，所以派人來勸鄭芝龍歸順清朝，說以後可以讓他做廣東和福建的總督。

隆武帝得到了這個情報，就叫來了鄭成功告訴了他。鄭成功大吃一驚，馬上回到安平鎮老家去見父親。還沒等鄭成功開口，父親卻先來勸他：

「我看明朝的氣數已盡，這是大勢所趨，再抵抗也沒用了，你要看清局勢，不要再硬拼了。清軍帶了一封信給我，我看……」

鄭成功能猜出這封信的內容，急急叫道：「父親，你千萬不能啊！」

鄭芝龍說：「你想想，若是清軍攻佔了福建，我這些田地房屋、軍艦船隊都將化為烏有，我辛辛苦苦掙下的這份家財都是為了你啊，怎能忍心被人奪去？我這是為你好，希望你和你全家一生都能過上舒舒服服的好日子呀！跟着我歸順大清，保管你能終身享受榮華富貴！」

鄭成功痛苦地說：「父親，從來只有做父親的教育孩子要盡忠報國，哪有像您這樣，父親來勸孩子變節投降的？」

鄭芝龍聽了很不高興：「我也要教你這句話：識時務者為俊傑！做人不能一味死腦筋，要學會隨機應變、與時並進！」

鄭成功知道自己勸說不了父親，只得傷心地離開。臨走前他對父親說：「別相信清朝現在對你說的這些話，他們不會善待你的，你別自討苦吃！」

鄭成功對隆武帝保證：「即使父親果真放棄，我誓保明朝江山，戰鬥到生命最後一刻！」

鄭芝龍退兵到安平鎮，放棄了仙霞關的防守，正式投降了清朝。鄭成功對父親的預言果然成真——清軍雖然接受了鄭芝龍的投降，但是並沒有保護他，清軍攻

入安平鎮，鄭家的財產被搶劫一空，鄭成功的母親憤而投河自盡。鄭芝龍被清軍挾持到北京，軟禁了起來，最終還是殺了他。

　　噩耗一個接一個傳來：父親變節、母親自盡、仙霞關失守，隆武帝也在奔赴江西的途中被清兵殺害……

鄭成功悲憤填胸！他埋葬了母親，走到孔廟，把身上秀才穿的儒服儒冠脫下來燒掉，對着孔子像宣稱：從今日起，我不再是一介儒生了，我投筆從戎，做個軍人，為復國戰鬥到底！

立志抗清復國

鄭成功回到安平鎮，立刻聚集志同道合的朋友一起抗清，當時就有九十多人跟着他。他拿出自己的所有家產變賣了作為軍費，打出「殺父復國」的口號，再貼出招兵告示廣招人馬，很多人為他的精神感動，紛紛響應他的號召，加入他的隊伍。起初在金門、廈門一帶，後來發展到廣東，不多久隊伍就擴大到一萬多人，一支抗清義軍正式成立了！他馬上開始操練新兵，整編軍隊，提高戰鬥力。

鄭成功很有領導和組織能力。他把金門和廈門分別定為行政和軍事中心，是義軍的基地，選派得力人手專門管理；他還指揮在港口修築工事、建造炮臺和瞭望台，並成立作坊製造火器，作好戰前的一切準備。

這時，南明的桂王登位，改年號為永曆。鄭成功去信祝賀，並建議明軍和義軍共同作戰，夾擊清軍收復失地。永曆帝看了信很高興，任命鄭成功為延平王。鄭成功的部隊成為南宋抗清的主要軍事力量，此時他只有二十五歲。

此後十多年中，鄭成功策劃、指揮了一連串抗清戰鬥——進攻海澄、包圍泉州、攻下同安和漳浦、進軍詔安、攻打潮州……無論是海戰還是陸戰，每次他都是勇敢地一馬當先衝在前，身先士卒帶領大家奮勇殺敵。他還善用計謀，曾打下廈門和福州。戰鬥有輸有贏，好幾處地方與清軍形成「拉鋸戰」局面，佔領了又失去，之後又奪回來、又失去……但是鄭成功仍不灰心，相信堅持下去總會成功。

收復和開拓台灣

1659年鄭成功決心北伐，以十九萬大軍分水陸兩路挺進，居然勢如破竹進入了長江，兵臨南京城下！可是由於他輕信了敵人所說要選個黃道吉日投降的鬼話，

喪失了警惕，致使清軍的援兵趕來發動突然襲擊，鄭軍大敗。

鄭成功看到清政府已經控制了大部分中國，收復中原不是一件簡單的事，而自己的活動範圍始終局限在金門和廈門一帶，不是長久之計，要另覓根據地。他就想到了台灣。

當時的台灣已經被荷蘭霸佔了三十多年，鄭成功深知它的價值，他向部下解釋説：這個島嶼土地肥沃，資源豐富，又是中國通往東南亞的交通要道。以台灣作根據地，可攻可守，可整頓訓練軍隊，繼續我們的事業。何況，島上的居民多年來受盡番族欺壓，我們應該去解救這些同胞呀！

大家同意他的建議。可是，要橫渡海峽不是一件容易的事。鄭成功為此準備了兩年的時間，他還得到在荷蘭軍方任職的一名福建同鄉的協助，從一條不設防的水道上了島，圍攻了荷蘭軍七個月，於1662年2月終於攻下城堡，收復了寶島。台灣百姓歡欣鼓舞，唱着跳着歡迎鄭軍的來到！

鄭成功很快就顯示出他的領導才能和智慧。他設立從中央到地方的官府，選派正直能幹的官員，制定法

律；他號召內地沿海居民和將士家屬移居入台，台灣人口猛增到二十多萬　，發動大家開荒種田，大力發展農業生產；動員軍隊屯田，做到糧食自給自足；並且重視民眾的教育工作，興辦學校和書院……收復台灣後短短四個多月內，鄭成功做了不少重要的事，使台灣發生了前所未有的大變化，為台灣的日後發展奠定了基礎。

不久，鄭成功終因勞累過度，一病不起，於當年六月逝世，終年三十九歲。他「反清復明」的理想雖沒實現，但是他的愛國情懷、英雄業績以及開發台灣的歷史貢獻永為人們所敬重。

護國大將軍蔡鍔

蔡鍔（1882年－1916年）——原名艮寅，字松坡，湖南寶慶（今邵陽市洞口）人。民國初年傑出軍事家、政治家。

神童少年

　　1882年12月18日，在湖南寶慶府的一戶農家，女主人王氏在將近分娩時，朦朧間好似有一頭白虎在長滿青翠松樹的山林裏伴隨在她身邊。夢醒後她就誕下了一個壯健的男孩。父母就為孩子取名為艮寅——艮是山的意思，寅是虎；白虎來自青松山坡，所以孩子的字是松坡。蔡鍔是艮寅長大後自己改的名字，鍔是指刀劍的刃，他要自己像鋒利的劍刃那樣，能抵禦外族侵略，保家衛國。

　　蔡鍔的父親是農民，但很有文化。他開辦私塾教鄉間孩子讀書，蔡鍔也在父親的私塾裏受啓蒙教育。他天資聰穎，又勤奮好學，雖然白天要幫父母做農活，晚上就點燈夜讀。家境貧困，無錢買書，他就向別人借書讀，有時要走十幾里山路到親友家去借書，回來就抄錄、做筆記，認真地讀。

　　十歲的時候，蔡鍔就讀遍了四書五經，能寫一手好文章。十三歲時他考中了秀才，十五歲進入長沙時務學堂，成為維新派梁啓超的得意門生。梁啓超和學生們日夜共處，關心國家命運，尋找富國強民的辦法。蔡鍔

的思想受到維新改革的極大影響，認定必須學習西方，實行民主改革，社會才能進步。

戊戌變法失敗，梁啓超流亡日本躲過朝廷通緝，1899年他幫助蔡鍔來到日本。

當時清政府腐敗，國力衰弱，列強對中國虎視眈眈，熱血青年都在思索着救國的道路。蔡鍔決定投筆從戎，為建立強大的國防而出力。他在日本陸軍士官學校學習軍事知識，接受軍訓，鍛煉體格，並創辦報紙、撰寫文章宣傳革命思想。幾年的不懈努力和刻苦鍛煉，蔡鍔成長為一位英武優秀的年輕軍官和革命活動家。

「重九」起義響應辛亥革命

蔡鍔畢業回國。那時清政府正在提倡新政，要編建新軍，很需要受過新式軍事訓練的人才。蔡鍔曾先後被派往江西、湖南、廣西訓練新軍。

1911年7月，蔡鍔被任命為雲南第三十七協的統領。當時由於同盟會的努力，革命思想在雲南新軍中散播很廣，蔡鍔雖沒有參加同盟會，但同情和掩護革命活

動，他的高尚品格和出眾才華也深得同盟會成員的敬重。蔡鍔察覺到形勢將發生變化，革命風暴即將來臨，他着手部署，調整軍官人選，安排同盟會成員在三十七協各崗位上任職，使三十七協成為一支富有革命精神而又訓練有素的部隊。

　　1911年10月10日，武昌起義成功，湖南首先響應，江西、陝西接着起義。雲南的革命黨人加緊行動。蔡鍔參加了準備起義的四次秘密會議，被推舉為起義軍臨時總司令。會議定下10月30日（陰曆九月初九）夜裏舉行重九起義。

　　這時，雲南總督和統制也隱約聽聞了起義的風聲，但找不到確鑿證據。10月30日凌晨，統制突然召集官兵訓話，煽動説：「如是有人舉報有進行革命活動的人，就加官一級，並獎賞二百大洋。」接着召開軍官會議，逼問大家説：「謠傳説今晚軍隊要造反，你們知道嗎？」

　　蔡鍔大膽進言説：「這裏的軍隊沒有這回事。但是既然是大勢所趨，為何不請統制您勸説總督自己宣布獨立呢？」

統制斥責説：「這位統領別胡説！我們都是吃皇糧的，理當報皇恩！」

雖然起義的風聲已經洩漏，革命黨人還是決定依照計劃進行。當晚十二點軍隊集合，蔡鍔宣布革命宗旨：「革命清廷，驅逐漢奸，復我山河，興我漢室……」，革命軍出發進入省城，戰鬥到次日中午，犧牲了一百五十多人，終於佔領總督府。11月1日，宣布成立大中華國雲南軍都督府，蔡鍔被公推為都督，當年他只有二十九歲。

在蔡鍔有計劃、有準備的領導下，起義獲得了圓滿的成功，起義軍順利佔領了昆明城，控制了當地政局。蔡鍔有步驟地進行了改革，撤換了一些官員，起用一批克己奉公的青年知識分子；替換了一批舊軍官；節省軍政府財政開支，他以身作則領取低薪；提出漢、回、滿、蒙、藏、苗各族一體，維持共和；又照會英法兩國領事，要他們嚴守中立，不為清廷運輸軍隊。蔡鍔運用智慧統籌帷幄，在雲南一開始就建立了良好的秩序，沒有產生其他省分革命後的混亂現象。

護國軍起義反對袁稱帝

蔡鍔一生所做的第二件大事，就是四年之後領導護國軍起義，反對袁世凱稱帝，維護民主共和國。

武昌起義後，各地紛紛響應，起義相繼成功，清政府搖搖欲墜，為挽救垂死的命運，起用袁世凱為內閣總理大臣，指揮北洋軍鎮壓革命。投機的袁世凱不想效忠清廷，建議和平談判。

南北和議，清帝退位，袁世凱出任中華民國臨時大總統。蔡鍔對袁世凱存有幻想，以為全國統一之後可以好好建設國家，便一再表示支持袁世凱，一心想幫他治理好國家。

袁世凱知道蔡鍔有才幹有理想，也因此就對他有猜忌。1913年10月他把蔡鍔調到北京，只給他安排了一些徒有虛名的職位，其實是想把蔡鍔放在自己的眼皮底下控制他。後來竟讓蔡鍔擔任全國經界局督辦，大將軍被派去管理全國的土地賦稅。

蔡鍔認真工作，同時還熱衷於軍事學術研究，修改了自己以前撰寫的《軍事計劃》上呈袁世凱，還提出

了不少建議和設想，作為改革軍隊體制的參考。但是那時的袁世凱野心勃勃，正策劃恢復帝制，自己想當皇帝，根本無暇理會這些。

蔡鍔眼看自己的理想落空，對袁世凱越來越失望。他幾次提出辭職，都不獲批准。他想離開北京，但是袁世凱是不會放虎歸山的，他的行動日夜被特務跟蹤。於是，聰明的蔡鍔就想出了一條妙計來對付——

為了保護家人，蔡鍔先把母親和妻兒送回老家。之後，他就裝出一副放蕩不羈的公子哥兒的樣子，整日流連在酒樓戲院，喝茶聽戲，飲酒作樂，還和一名叫小鳳仙的名妓打得火熱，讓人以為他迷上了這個十五歲的小姑娘，每天只知道玩樂，不過問政治和國事。

袁世凱變本加厲，他對外賣國求榮，與日本秘密簽訂了《二十一條》出賣國家主權；對內鎮壓殘殺革命黨人，破壞民主，強化集權，製造恢復帝制的輿論。

蔡鍔對袁世凱的幻想徹底破滅，對他的所作所為感到萬分氣憤，決心護國討伐袁世凱。於是他仍裝作整日遊樂的浪蕩樣子，但卻經常帶着小鳳仙作掩護，去天津與梁啟超見面，商量應對時局的方針和辦法。在北

京，他常常在風月場所和革命人士開秘密會議，並派人去各地活動，聯絡當地革命黨人。他們決定一定要讓蔡鍔離開北京，脫離袁世凱的控制，回到雲南，等袁世凱宣布稱帝後共同發起反袁戰爭，同時各地也先後起義。當時蔡鍔住在北京護國寺街棉花胡同，大家就把起義軍定名為「護國軍」。

為了迷惑袁世凱，蔡鍔還裝出和梁啓超分道揚鑣的姿態。梁啓超發表文章反對改變國制，蔡鍔在北京卻

批評他「書呆子，不識時務，成不了事！」還帶頭簽名「贊成君主」。這樣，使袁世凱對他放鬆了警惕，以為他在尋歡作樂的日子裏消磨盡了自己的鬥志。

　　正好那時蔡鍔因多年的喉疾發作，病勢很重，說話也困難。他就趁機請假到天津治病。在革命黨人的協助下，躲過袁世凱手下的監視坐船到日本，再轉經上海、香港、越南，乘火車進入雲南，1915年12月19日抵達昆明。途中，曾幾次機智地躲過了袁世凱派人布置

的暗殺。

　　同月袁世凱已經宣布取消民國，接受帝位，復辟帝制。蔡鍔的來到，使雲南的民心大振，點燃了反對袁世凱的熊熊烈火。蔡鍔抱病聯絡各方面，擴大討袁的聲勢，並日夜與軍事將領們商討具體的軍事行動計劃。

　　1916年元旦，護國軍在昆明誓師，宣布護國軍政府正式成立，發表討袁檄文，聲討袁世凱二十條大罪。不久，護國軍分三路，分別從四川、湘西和廣西三個方向出師討袁，蔡鍔作為護國軍第一軍總司令官，率領主力向四川瀘州進軍。

　　蔡鍔的部隊只有九千人，但訓練有素，裝備也較好，雖然兵力不足，但是士氣高昂。蔡鍔不顧自身病重，親自巡視前線，深入敵方觀察敵情，與士兵並肩戰鬥，鼓舞士氣。

　　南下的北洋軍卻士氣低落，萎靡不振，護國軍首戰川南重鎮敘州告捷。但是後來北洋軍加入援軍，總兵力達到兩萬，護國軍在攻打瀘州時兵力不足，激戰三日三夜，重創敵軍，因彈藥不夠，轉入防禦，傷亡損失慘重，最後只得撤退整頓隊伍。蔡鍔重新作了精心的戰鬥部署之後發起總攻，北洋軍全線潰退，護國

軍大獲全勝。

　　與此同時，全國討袁形勢日益發展，各地紛紛宣布獨立。北洋軍內部四分五裂，袁世凱無力再擴大戰爭，不得不在3月22日宣布取消帝制，要求護國軍停戰。袁世凱當了83天皇帝，於6月6日憂憤而死，護國戰爭大功告成。

　　蔡鍔本想好好治理四川，但是他的喉病越來越嚴重，轉去日本福岡治療無效，於1916年11月8日與世長辭，享年只有33歲。

　　蔡鍔是中國近代史上一位傑出的愛國民主將領，一位優秀的軍事家和政治家，他建設國家的壯志雖未酬，但卻立下了「再造共和」的護國大功。

抗日功臣李宗仁

李宗仁（1891年－1969年）——廣西桂林人，中華民國陸軍一級上將，曾任中華民國副總統、代總統。軍事家、政治家、抗日功臣，他指揮的台兒莊大捷名震中外。

凡是曾經歷過中華民族八年抗戰抵禦日本侵略者那個時代的人，都知道抗戰初期1938年著名的台兒莊一役。當時日軍長驅直入，佔領了中華民國首都南京，氣焰囂張，不可一世，癡想速戰速決佔領全中國。但是在企圖攻打徐州的台兒莊一地，遭到第五戰區司令李宗仁率軍的頑強抵抗和淩厲反擊。國軍擊敗日軍兩個精銳師團，取得了震驚世界的輝煌勝利。這是抗戰以來中國軍隊第一次在正面戰場上取得的勝利，打擊了日本侵略者的氣焰，極大鼓舞了中國人民的抗戰決心。李宗仁將軍也因此而揚名中外。

　　那麼，讓我們來看看這位傑出將軍的故事吧。

跟隨孫中山統一兩廣

　　李宗仁出身在農家，家境貧寒，他幼年在家要幫家裏做農活。好在他父親是一名教師，就做了他的家庭老師教他讀書寫字。李宗仁從小就嚮往當一名保家衛國的英武軍人，十七歲時考入廣西陸軍小學堂第三期，三年後畢業，轉入廣西陸軍速成學堂。1913年二十二歲

那年畢業後，就在廣西將校講習所擔任中尉教官，後來又當上了廣西桂軍（桂，是廣西省的別名）的下級軍官，就此開始了他一生的軍人戎馬生涯。

李宗仁很崇拜從事推翻滿清皇朝革命活動的孫中山先生，1910年十九歲時他就加入了孫先生創立的中國同盟會支部。

當時廣西的舊桂系軍閥陸榮廷與效忠孫中山的粵軍爆發了兩次粵桂戰爭，都以舊桂系失敗告終。廣西政局混亂，桂系內部分裂，幾股勢力多年混戰，陸榮廷的影響力大大削弱。第二次粵桂戰爭後，當時已經升為統領（相當於團長）的李宗仁帶領部隊一千多人退進廣西大山，吸收了附近的一些桂軍敗兵敗將，成為一支新崛起的勢力。他還聯絡了陸軍小學堂的同學白崇禧合作，軍隊發展到六千多人，控制了七個縣市，以李宗仁為首的新桂系勢力逐漸形成。

1923年李宗仁與廣州孫中山大元帥府取得了聯系；10月，李宗仁和白崇禧秘密加入中國國民黨，這兩人日後一起合作了大半生。

李宗仁響應孫中山先生的主張，認為要統一廣西，促進兩廣統一。1924年，李宗仁聯合一些部隊成

立「定桂討賊聯軍」，出任總指揮。孫中山任命他為廣西陸軍第一軍軍長。

1924年5月，李宗仁發表統一廣西宣言，對分散在廣西各地的派系採取了合縱連橫的策略，能聯合的就合併，不合作的就消滅。在1925年夏季，最後擊敗了陸榮廷一夥，統一廣西、控制了廣西，奠定了北伐的基礎。從此新桂系代替了舊桂系登上民國政壇。

那時發生了一件事，更奠定了李宗仁他們在國民黨桂系的地位——孫中山在北京病危，雲南滇系（滇，是雲南省的別名）軍閥唐繼堯趁此機會勾結廣東軍閥陳炯明等人，企圖從東邊進入廣東，消滅新興的國民黨和中華民國政府。從雲南到廣東必要經過廣西，唐繼堯派人來求李宗仁借道給滇軍，送上700萬銀元做借路費。不料被李宗仁一口拒絕。軟的不行就來硬的，七萬滇軍兵分三路前來攻打桂軍。李宗仁等以二萬兵力奮戰半年，終於把三路滇軍打敗，粉碎了他們的陰謀，挽救了國民黨和政府。沒有李宗仁打勝這一仗，中國國民黨可能就會亡黨亡國。

1926年3月，廣西桂軍正式改編為國民革命軍第七軍，李宗仁是軍長。

7月，李宗仁率領廣西第七軍二萬多人參加蔣介石的第二期**北伐戰爭**①，他治軍和練軍有方，他的部隊被稱為是北伐隊伍中的「鋼七軍」——最精銳主力之一。這支部隊轉戰湖南、湖北、江西、安徽等省，一直打到山海關，立下赫赫戰功。因此，李宗仁被認為是北伐中有重要影響的人物。

1929年北伐回來後，李宗仁和白崇禧決心自力更生建設廣西，改變當地的貧窮面貌。他們勵精圖治，首先着手嚴格管束行政官員，懲辦貪官污吏，提拔年輕有為幹部；又嚴厲治辦當地土豪劣紳，保障百姓生命財產的安全；同時鼓勵農耕，發展教育、建設鐵路……發展經濟。苦心經營的結果是全省能在缺乏中央財政支援的情況下還能獨立支撐，廣西省在全國混亂的局面中一枝獨秀。

---

① **北伐戰爭**——辛亥革命失敗後，國內軍閥混戰，政局不穩，國家四分五裂，百姓苦不堪言，迫切渴望國家統一。1926-1928 年間廣東國民政府發動了一場反對軍閥、統一國家的戰爭。主力是國民革命軍，蔣介石為總司令，率領十萬人馬向北挺進，向軍閥宣戰。結果基本消滅了北洋軍閥，為日後中國的民主革命開闢了道路。

台兒莊大捷狠擊日寇

在中國抗日戰爭時期，富有智謀的李宗仁認為抗戰將是一場持久的戰鬥，指出「要作有計劃的、節節抵抗的長期消耗戰……當敵人被誘深入我國廣大無邊原野時，即實行堅壁清野，發動敵後區域遊擊戰……」日後的事實充分證明瞭李將軍論點的正確。他號召全國軍民誓死與日軍血戰到底，表現出英勇不屈的民族氣節。他帶領的桂系十萬老兵在上海、徐州、武漢的抗擊日寇戰鬥中經過多次大戰幾乎全部損失掉，但也給予了日軍沉重的打擊。其中尤其是1938年3-4月山東省台兒莊一役震驚中外。

台兒莊戰役是徐州會戰的一部分。台兒莊是山東南部一個小鎮，水陸交通便利，是徐州的門戶，具有重要的戰略地位。當時日軍攻陷了南京，急想北上奪取徐州，然後向西佔領中國抗戰的中心城市——武漢。

日軍以主力兩個師團七八萬兵力分兩路攻打，直逼徐州。李宗仁是第五戰區司令，他把一路日軍阻在臨沂，兩面夾攻，使日軍第五師團遭到極大損失；致使另

一路日軍第十師團孤軍深入，在以台兒莊為重心的廣大魯南地區進行了一場歷時一個月的大規模的慘烈戰役。

3月16日，日軍以數十架飛機、三十多門大炮配上騎兵狂轟濫炸，猛攻台兒莊，國軍戰士決死奮戰，憑藉着斷垣殘壁死守，在北門外與日軍展開白刃戰。有一個營的營長率領士兵每人手持一把大刀和八顆手榴彈，殺入日軍炮兵陣地大砍大殺，甚至進行肉搏，戰鬥得十分慘烈，很多部隊打到最後一兵一卒，決不後退一步。激戰時，李宗仁、白崇禧常坐車到前線和各部將領聯絡，視察戰情，鼓舞士氣。日軍曾多次攻入莊內，雙方展開

激烈的爭奪戰，國軍也多次把敵人打退。後來日軍猛攻了三天三夜才衝進城內，佔據了全莊的三分之二，但城內中國守軍死守陣地，這是李宗仁早已製定的作戰計劃，目的是以部分兵力守住台兒莊，盡量拖住敵人，以便莊外的大軍完成對日軍的反包圍，來個甕中捉鱉。

期間日軍加派了兵力增援，雙方激戰數日。李宗仁命令國軍從南東北三個方向逐步包圍了攻打台兒莊的日軍。4月3日，李宗仁下達總攻擊命令，三個軍的兵力向敵人展開猛烈攻勢，日軍拼命爭奪，雙方進行街壘戰，國軍逐步肅清敵人，奪回被佔領的街道。4日，中國空軍用27架飛機對台兒莊日軍陣地進行轟炸，日軍丟棄笨重裝備，開始潰逃。6日，李宗仁趕到台兒莊附近親自指揮部隊進行全線反擊。7日命令一下殺聲震天，雙方展開巷戰和肉搏戰，台兒莊城內槍林彈雨，血流成河。日軍從沒遭到過如此頑強的猛烈進攻，很快就潰不成軍。

經過三天激戰，4月7日凌晨日軍開始全線撤退，全軍狼狽逃竄，丟甲棄盔，遺留下大批輜重武器。自1938年3月16日開始至4月15日，台兒莊戰役勝利結束，在李宗仁的親自指揮下歷時一個月的苦戰中擊潰

日軍第5及第10兩個精銳師團的主力,殲滅日軍2萬多人,繳獲大批武器彈藥。

這是中國軍隊在抗戰初期在正面戰場取得的一次重大勝利,大大打擊了日本侵略者的囂張氣焰,振奮了全國人民的抗戰精神,堅定了抗戰必勝的信念,李宗仁將軍揚名中外。

抗戰勝利後,李宗仁將軍曾寫了一篇長文《八年抗戰敵我優劣之檢討》。文中對日軍戰略戰術上的錯誤、兵力武器上的優勢作了客觀的分析,並且詳細敘述了國軍的優勢和劣勢,無所顧忌地指出從總司令蔣介石到各將領在指揮作戰上的失誤以及體制上的弊病。他的評論精闢尖銳,論點令人信服。文章充分顯示出這是一位有勇有謀的傑出愛國將領。

中國人的故事

將軍和兵法家的勇謀

作　　者：宋詒瑞
繪　　圖：李亞娜
主　　編：張倩儀
責任編輯：甄艷慈　黃婉冰
美術設計：何宙樺
出　　版：新雅文化事業有限公司
　　　　　香港英皇道 499 號北角工業大廈 18 樓
　　　　　電話：(852) 2138 7998
　　　　　傳真：(852) 2597 4003
　　　　　網址：http://www.sunya.com.hk
　　　　　電郵：marketing@sunya.com.hk
發　　行：香港聯合書刊物流有限公司
　　　　　香港新界大埔汀麗路 36 號中華商務印刷大廈 3 字樓
　　　　　電話：(852) 2150 2100
　　　　　傳真：(852) 2407 3062
　　　　　電郵：info@suplogistics.com.hk
印　　刷：中華商務彩色印刷有限公司
　　　　　香港新界大埔汀麗路 36 號
版　　次：二〇一六年六月初版
　　　　　10 9 8 7 6 5 4 3 2 1

ISBN: 978-962-08-6579-4
© 2016 Sun Ya Publications (HK) Ltd.
18/F, North Point Industrial Building, 499 King' s Road, Hong Kong
Published and printed in Hong Kong